成绩决定孩子走多快，品格决定孩子走多远

教养的起点：家庭美德培养全书

〔美〕琳达·卡韦林·波波夫　〔美〕丹·波波夫　〔美〕约翰·卡韦林◎著

秦　恺◎译

北京科学技术出版社

著作权合同登记号　图字：01-2017-7994

图书在版编目（CIP）数据

　　成绩决定孩子走多快，品格决定孩子走多远：教养的起点：家庭美德培养全书 /（美）琳达·卡韦林·波波夫，（美）丹·波波夫，（美）约翰·卡韦林著；秦恺译. — 北京：北京科学技术出版社，2021. 11

　　书名原文：The Family Virtues Guide

　　ISBN 978-7-5714-1891-5

　　Ⅰ．①成… Ⅱ．①琳… ②丹… ③约… ④秦… Ⅲ．①儿童教育—家庭教育 Ⅳ．① G782

　　中国版本图书馆 CIP 数据核字（2021）第 209905 号

策划编辑：蔡芸菲	010—66113227（发行部）
责任编辑：樊川燕	网　　址：www.bkydw.cn
责任印制：张　良	印　　刷：河北鑫兆源印刷有限公司
出 版 人：曾庆宇	开　　本：710 mm×1000 mm　1/16
出版发行：北京科学技术出版社	字　　数：310千字
社　　址：北京西直门南大街16号	印　　张：21.5
邮政编码：100035	版　　次：2021年11月第1版
电话传真：010—66135495（总编室）	印　　次：2021年11月第1次印刷
ISBN 978-7-5714-1891-5	

定　价：59.80元

前　言

在这个世界上，为人父母可以说是最复杂、最重要的事情。在升级为父母之前，虽然很少甚至根本没有机会在教养孩子方面获得足够的经验，但父母仍是孩子的第一任也是最重要的老师。遗憾的是，孩子呱呱坠地时也没有自带任何教养指南。

如今，尽职尽责的父母越来越担忧自己的孩子，怕他们沉溺于会危害其品行的物质享乐，担心他们在面对价值选择时将个人利益置于伦理、正直或者爱等精神价值之上。许多孩子在生活中对精神价值鲜有甚至根本没有概念。那么，父母应该怎么做呢？

近年来，为填补父母在价值引导方面的空白，文学界及教育界人士致力于让父母意识到孩子是具有独特情感和思想的独立个体，相关工作已颇见成效。许多作品涉及孩子及家庭的情感和心理健康，主题包括尊重孩子的感受、建立和谐的家庭、培养自尊意识、学会说话孩子才会倾听、学会倾听孩子才会说话等等。然而，仍有需要进一步探讨的课题，那就是父母如何才能满足孩子的精神需求。

本书并非一本有关家庭价值观的书，因为价值观具有文化属性。本书讲的是世界上一切文化都普遍推崇的美德。美德如同一条银色的纽带，贯穿于人类的经典文学和民间口口相传的文化传统之中。

本书以世界上各种文化传统为基石，遵循精神成长的普遍原则，将孩子视为精神上独立的个体，让孩子明白生命的意义是过有意义的生活——去发掘他们的天性中所蕴含的一切美德。

本书也为父母提供了一些简单的方法，引导他们关注孩子日常的精神和道德成长，同时激发出每个孩子以及每位家庭成员最好的内在品质。

与孩子相处的每一天都会出现可以对孩子进行引导的教育时机，这些时机转瞬即逝，因而万分珍贵。本书提供了一个框架和一些交流方式，帮助父母及时抓住时机并最大限度地利用这些时机来协助孩子确立目标。

为人父母意味着要做许多事情：要满足孩子的身体需求和情感需求，要鼓励孩子，要为孩子带来快乐，要纠正孩子的错误，要保护孩子不受伤害……当然，还包括对孩子进行教导。正如孩子的身体需要食物、空气、阳光以及温暖，他们的精神亦需要磨砺、指引和激励。本书正是这样一种工具——帮助父母有意识、有技巧地回应孩子的精神需求，以免错过日常生活中珍贵的教育时机。

本书的一条重要原则是，父母是孩子的第一任老师，是最适合向孩子灌输价值观的人。对那些想把简单的精神和品行教育融入孩子生活的父母来说，本书正好能够满足他们的需求。这个世界需要能够肩负起个人责任的人。

那么，就从这代人开始吧！

如何使用本书

本书的创作基于以下4个原则：

① 父母是孩子的第一任老师；

② 孩子拥有的天赋可以发展成正面或负面的品格，如何发展取决于他们在早期接受何种教育；

③ 在孩子做出负责任的、符合道德的选择时，其品格已逐渐养成；

④ 依据精神原则生活，自然可以成为懂得自尊的人。

一个人如果不重视自我发展，自然就无法帮助别人成长。使用本书可以让家庭所有成员共同踏上精神探索的奇妙之旅。

本书是一本有关如何在日常生活中运用美德、如何相互支持以设立精神目标的实用手册。本书将引导大家习得朴素的精神语言——美德，也有人称之为"心灵的语言"。

本书前三章主要探讨父母该如何成为孩子的精神导师，并在第三章中提出了具体建议：如果可行，每周举办一次家庭聚会重点培养孩子的某一种美德。当然，是否采用家庭聚会这样的形式并不重要，它只是培养美德的方法之一。除此之外，在日常生活中还有许多其他可以用来培养美德的方法。

本书第四章涵盖了51种美德。尽管我们在全世界各类经典著作中发现了300多种美德，但比起囊括所有的美德，精选其中的51种重点介绍似乎更有效。

每种美德都包含4个部分：

①这种美德是什么？

②为什么要培养这种美德？

③如何践行？以及相关练习："如果发生以下情况，应如何……？"

④成功的标志，以及每日的"自我激励宣言"。

附录 A 为"讨论练习"，当你和朋友交换意见或者在小组中分享心得时，你或许会发现其中的内容非常实用，可以增进你对本书介绍的一些做法的理解。附录 B 提炼了前三章提及的父母在引导过程中"可以做"和"不可以做"的事情。附录 C 是有关制作"美德树"毛毡板的说明。

本书提供了一个简单的品德教育框架，父母可以以此为模板培养孩子的品格和自尊。当然，本书并不能取代爱、拥抱、欢笑以及团聚的快乐，它只是父母用来指导和教育孩子的工具，将培养孩子的品格放了首要位置。书中还有对个人成长过程中的伤痛有治愈作用的语句，它们能够帮助父母以超脱而温和的态度直面自己在精神成长之旅中遭遇的所有磨难。这是一种以温和、谨慎的"观察者"取代内心的"批评者"的教育方式。很多人发现，他们在使用这种简单的工具教育孩子的同时，自己也在重新接受教育。

我们热情而自信地奉上这本书，你和你的孩子定会发现它兼具价值与趣味，可以不断激励你们发掘自身的内在品质，进而养成美德。

目录

第一章　我们的孩子到底是谁？——孩子的精神属性

正如橡树种子可以长成参天大树，每个孩子都蕴藏着无限可能。任何孩子都有与生俱来的美德与资质，我们要静待其成长。孩子会成为什么样的人，由以下4个要素决定：天性、教养、机遇和努力。

◆渴望掌控和寻求价值 / 004

◆孩子是什么？ / 004

◆孩子不是什么？ / 006

◆逆反心理陷阱 / 008

◆"复刻"综合征 / 010

◆只要有爱就够了吗？ / 011

第二章　父母该如何做？——美德培养原则与实践

父母和子女关系的基础，是把孩子当作应该对自己的行为负责的、有天赋的、具有多种潜在美德的独立个体来对待。本书倡导全面审视父母的角色，将父母视为：教育者、权威、顾问和引导者。

◆父母作为教育者 / 017

策略1：识别教育时机 / 017

从羞辱到指明美德 / 使用美德，而不使用标签 / 不要为孩子做，让孩子自己去做 / 避免滥用内疚感 / 如果你的孩子犯了严重的错误，你该怎么办？/ 成为老师，而不是说教者：别用美德来说教

策略2：使用美德语言 / 024

运用语言的力量来塑造文化 / 运用语言的力量来实现转变 / 用美德来肯定 / 用美德来纠正行为 / 指出行为，而不是行为者 / 要明确且具有针对性

◆父母作为权威 / 032

策略3：设定清晰的界限 / 032

基于权威的教育模式 / 给孩子两种教育：常规教育和仪式教育 / 制定家庭基本规则的10条指南 / 在一定范围内给予孩子选择权 / 在美德被破坏时设定界限 / 设定界限，以帮助孩子应对新情况 / 制定规则的4条原则

◆父母作为引导者 / 050

策略4：尊重心灵 / 050

将你的技能传授给孩子 / 分享你的家庭故事 / 把尊重融入家

庭常规中 / 用特别的仪式来纪念特别的时间

◆ **父母作为向导 / 052**

　　策略5：提供精神陪伴 / 052

　　　如何处理情感? / 帮助孩子做选择

第三章　如何在家庭中使用本书？

　　在我们的生活和家庭中，你可以以多种方式运用本书中的建议和策略。美德培养旨在促进孩子个人的成长，而不是用来改变孩子的行为的技巧。当你和孩子进行分享的时候，非常重要的一点是，你要能做到真诚，因为只有这样，你才能成为孩子的榜样。

◆ **把本书介绍给孩子 / 065**

　　有关如何开始开展美德教育的建议 / 066

　　　确立聚会的时间 / 以朴素而庄重的形式开场 / 描述本书 / 为分享圈设定清晰的界限 / 选择本周要培养的美德 / 时间不宜太长

　　如何主持家庭美德聚会 / 069

　　　平衡创造力与秩序 / 聚会流程样例 / 保持积极的心态 / 保持简单和庄重 / 与分享圈共同践行尊重的美德 / 发挥创造力、增强趣味性 / 检阅本周选择的美德 / 结束仪式 / 见机行事

第四章　51种美德，激发出孩子最好的内在品质

本书列举了51种与孩子的日常生活息息相关的美德，并且从是什么、为什么以及怎样做等方面帮助父母全面构建美德教育的语言框架，让他们真正实现与孩子顺畅的分享交流。

No.1	坚定 / 077		No.20	帮助 / 153
No.2	关心 / 081		No.21	诚实 / 157
No.3	整洁 / 085		No.22	荣誉感 / 161
No.4	同情 / 089		No.23	谦虚 / 165
No.5	信心 / 093		No.24	理想 / 169
No.6	体贴 / 097		No.25	快乐 / 173
No.7	勇气 / 101		No.26	正义 / 177
No.8	礼貌 / 105		No.27	善良 / 181
No.9	创造力 / 109		No.28	爱 / 185
No.10	超脱 / 113		No.29	忠诚 / 189
No.11	决心 / 117		No.30	怜悯 / 193
No.12	热情 / 121		No.31	适度 / 197
No.13	卓越 / 125		No.32	稳重 / 201
No.14	忠实 / 129		No.33	服从 / 205
No.15	灵活 / 133		No.34	秩序 / 209
No.16	宽恕 / 137		No.35	耐心 / 213
No.17	友好 / 141		No.36	和平 / 217
No.18	慷慨 / 145		No.37	目的性 / 221
No.19	温柔 / 149		No.38	可靠 / 225

No.39　尊重 / 229

No.40　责任感 / 233

No.41　敬畏 / 237

No.42　自律 / 241

No.43　服务 / 245

No.44　坚毅 / 249

No.45　得体 / 253

No.46　感恩 / 257

No.47　包容 / 261

No.48　信任 / 265

No.49　守信 / 269

No.50　真诚 / 273

No.51　团结 / 277

附录 A　讨论练习 / 281

附录 B　父母在引导孩子表现最佳自我时"可以做"和"不可以做"的事情 / 315

附录 C　如何制作"美德树"毛毡板 / 329

第一章

我们的孩子到底是谁？

——孩子的精神属性

美德是精神勇士日复一日锻炼出来的肌肉张力。

——托尔伯特·麦卡罗尔

孩子降临到这个世界上后，其身体和精神都需要成长。作为监护人，父母肩负着关爱和指引这个新生命的责任。在孩子尚且年幼的时候，这一责任尤为重大。孩子天生就具有学习的能力。研究表明，他们的大脑早在出生前就已经开始学习处理一些信息。父母是孩子的第一任也是最重要的老师。

成功的教育应该能够激发出孩子最好的内在品质。大多数父母总想着如何给孩子创造最好的条件：给他们提供充足的食物、衣服和玩具，给他们足够多的拥抱，让他们拥有足够多的朋友，尽己所能地让他们享受最好的教育，等等。父母希望他们事业有成、家庭美满、子女健康，还希望他们幸福快乐、功成名就。父母甚至希望他们拥有最美好的一切。而实际上，对孩子而言最美好的东西往往与其内在的美好品格息息相关。当一个6岁的小女孩被问及美德是什么时，她回答道："美德就是我们美好的一面。"的确，美德是真我矿藏中耀眼的宝石。父母的职责就是挖掘出这些宝石，并使其绽放光芒。

◆渴望掌控和寻求价值

我们天生就有一种神秘的内驱力——渴望掌控和寻求价值。我们不断学习、不断挑战、不断追求，这其实是一种深层次的精神需求。然而，在生活中，这种强烈的精神诉求常常被我们误解为物质上的匮乏。我们总认为自己要是更有名、更有钱，获得更多的爱、更大的权力、更好的工作，自然就能更幸福和更快乐。可是，当我们试着用这些外在的、物质上的东西去填补这种渴求时，我们依然会觉得不满足。有时候我们甚至会用一些会使人沉迷的方法，使这种渴求之痛变得麻木，但最终只会觉得更加空虚。只有当我们把这种需求与自己的精神追求相联系时，我们才能真正感到满足。

◆孩子是什么?

正如橡树种子可以长成参天大树，每个孩子都蕴藏着无限可能。任何孩子都有与生俱来的美德与资质，我们要静待其成长。你也许曾经在城市坚硬的水泥路上看到过植物破土而出的情景，其实，一切生命都有这种向上生长的强烈愿望。

孩子会成为什么样的人，由以下4个要素决定：天性、教养、机遇和努力。天性指一个孩子天生的资质，或者说是其美德的"轮廓"。尽管在某种程度上，每个孩子都具备拥有一切美德的可能，但某些美德在某个特定的孩子身上显得尤为突出。这就好比玫瑰与菊花，它们虽同为鲜花，却风姿各异。教养指孩子接受教育的过程，也就是其天赋是如何被发现和培养的。如同一株植物，它是被悉心浇灌呢，还是被放任不管，任其自生自灭？机遇则给了孩子践行美德从而成就自我的可能。即便是具有顶级创作能力的音乐家，若无乐器相助，他也许永远也听不到自己创作出来的美妙乐曲。努力则是孩子自己的责任，要看他们是否有能力抓住践行美德的机遇。归根到底，孩子才是选择如何发掘自身潜力的主体。父母只能给予他们教养，而他们自己必须做出回应来面对生命中的机遇。选择是道德意志的核心。

当孩子发现自己具备某种美德时，真正的自尊和快乐会随之而来。试想，婴儿脸上浮现的笑容，3岁幼童在观察泥坑或树叶时表现的敬畏与惊奇，孩子学会系鞋带或骑自行车时显露的骄傲与自豪，以及他们在做了一件善事之后倍增的信心，再没有比看到这些更令父母欢欣鼓舞的事情了。当孩子把早餐送到你床前时，尽管你发现面包被烤煳了，花生酱被抹到了溢满巧克力奶的杯子上（这可是他独创的豪华早餐！），他仍然会自豪地说："妈妈，这可是我自己做的！"

青少年是理想主义者，他们总会寻求特立独行的方式来改变或影响世界。一旦理想受挫，他们就会故意反抗，但是如果他们的想法得到尊重和支持，那么任何事情都将无法阻挡他们前进的热情。有些社会团体已经发现了这一秘密，他们给年轻人提供实现自我价值的机会，从而使青少年犯罪率大幅下降。

美德有时也会与完美主义联系在一起。不过，对我们而言，完美并不等同于无瑕，而意味着日臻完善。我们要在精神上保持清醒和活力，这在某种程度上意味着我们要正视自己的缺陷、错误和失败，接受教训，并不断学习和改进。正是在与这些已过度发掘或尚未充分发掘的美德进行磨合的过程中，我们才有了新的成长动力。生活并非为了寻求完美，而是为了不断培育和完善自身的美德。完美就是将天赋转化为成就。

那么，作为孩子的父母、祖父母或其他看护人，我们怎么做才能满足孩子渴望掌控和寻求价值的需求呢？首先，我们要将孩子视为潜在的精神勇士，认为他们是负有重要使命的人。新西兰的毛利人有种习惯，他们会直视着某个人的眼睛说："我看懂你了。"注视着我们的孩子，我们会希望成为他们的良师益友。这样我们就不会一味在物质上宠溺他们，不会在他们遇到心灵的磨难时过度地保护他们。在我们帮助他们变得优秀的同时，我们自己也变得优秀了。

孩子的性格对他们未来的幸福至关重要，但留给我们从本质上影响其发展的时间却非常短暂。对大部分孩子而言，他们的性格在7岁时就已经成型了。

◆孩子不是什么？

我们习惯于将孩子视为有精神需求的个体，他们既需要身体上的照顾，也需要情感上的关爱和尊重，需要在依赖与独立之间寻求平衡。父母作为精神导师的角色正是基于孩子本身就是有精神需求的个体，但又不仅仅基于这一点。

本书提供了一个可供参考的框架，在此框架中对孩子品质的培养是基础。作为精神导师的父母首先要关注的是如何帮助孩子在道德上做好准备。若要完成从看护者到教育者的转变，父母就要摒弃那些有违孩子精神本质的理念。

你的孩子生来不是一块可以任由你涂写的白板。每个孩子都具有独一无二的秉性。没错，尽管孩子的个性和品行尚未完全成型，但实际上已然"存在其中"了，正如橡树种子孕育的是橡树，而不是云杉或棕榈。每个孩子生来就具备一些特殊的潜能，其中包括：

* 遗传特性；

* 个人性情；

* 先天的能力、局限以及美德。

父母对孩子的精神养护应着力于发掘孩子的天赋和潜力，要时刻准备为孩子的发展提供支持，并做出最大的努力。

父母不是把王子或公主变成青蛙的人。有一种观念现在比较盛行，认为父母应当让孩子自由成长，这样孩子才能保持纯真无邪、完美无缺。有些人认为正是父母把孩子的生活搞得一团糟，将他们赶下了"宝座"。这种观点只说对了一半。父母的确会对孩子产生重大的影响,甚至会打造孩子会一生执行的脚本。然而,父母一旦对孩子放任不管,他们很可能就会放弃抵抗外界的诱惑,遵从自己的生存本能,表现出作为物质或精神存在的动物性的一面。这样,他们的负面天性更容易得到发展,因为这往往无需任何意志力的参与。因此,孩子的成长迫切需要有人指引。他们并非天生"纯良",他们拥有善良和邪恶的双重潜能。孩子所拥有的每一种品质、每一种天赋,都可能被正向引导或反向误导。这就是为何父母的教育对于孩子的成功至关重要。

孩子不是父母的影子。这是个让作为父母的我们很难面对的问题,往往隐藏于我们的潜意识之中。孩子的存在不是为了证明父母的价值或弥补父母的不足,不是为了证明任何事情。生活不是美术馆,而是工作坊。那些被父母当作证明工具的孩子很难塑造真正意义上的自我。一位颇有成就的音乐家来到我们的美德研讨会,分享了他儿时的经历。那时他被视为"天才"以及家庭的希望,他因此承受了沉重的压力,并自此长期存在严重的心理问题。养育孩子的目的是帮助他们成长为独立的精神个体。在这个过程中,有一些工作是父母需要做的,还有一些工作是孩子需要做的,而父母的工作就包括支持孩子完成对自己的精神塑造。

孩子的精神健康非常重要,不要把他们当成小王子或者小公主(或者小青蛙)来对待。认识到孩子有特殊天赋是一回事,向世界大声宣告并将其视为自我价值的体现是另外一回事。这样做对孩子而言并不是好事,因为不管过去的成就有多么辉煌,他们需要的是使自己不断成长的谦逊品质。同样,我们也不能在孩子做出尝试时予以过度的保护。这种做法不过是在阻碍他们获得独当一面的能力。我们曾与一个非常聪明且极具"天赋"的13岁男孩交谈,他提到了父母的拖拉如何让自己抓狂。"他们迟到的话,你会怎么做?""我就冲他们大吼大叫,让他们快点儿。""如果你既要对父母做到诚实,同时也要尊重他们,那你需要什么样的美德呢?""噢,"他惭愧地笑了笑说,"我想他们应该是在给我机会,培养我的耐心吧。"

宠溺或迎合孩子只会削弱孩子的能力。这样一来，他们在成长过程中总会期望一帆风顺。即便出现问题，也会有人为他们遮风挡雨。他们不会去提升自我，正如教育家托尔伯特·麦卡罗尔所说，他们一生都只会"局限于……生存的平凡面貌"。许多美德只有在困境中才能被激发出来。如果一个人无须等待就能得到一切，那他怎么会有耐心呢？如果生活一直风平浪静，父母又如何能培养孩子的决断能力呢？如果我们从未受伤，又如何能学会原谅？如果我们不运用美德，我们便会失去它们，正如我们一直不运动，肌肉张力便会丧失一样。过分保护孩子，使其没有机会面对任何困难，实际上是在破坏自然规律。作为精神勇士，孩子理应受到更多的尊重。

有些父母非常优秀，但他们的孩子常常会做出糟糕的选择，或者生性古怪。如何教养孩子是父母的责任，而孩子最终会变成什么样的人是个复杂而神秘的过程。除父母以外，那是很多其他因素共同作用的结果。

◆逆反心理陷阱

我们常常会无意中把自己童年未能得到满足的需求投射到孩子身上。如果我们小时候曾因某件事情（通常是因为缺乏关爱）而难过，那么我们现在就会有以下两种表现：要么，我们会无意中对孩子重复我们父母的行为；要么，我们会走向另一个极端。在一次美德研讨会上，一位女士就勇敢地承认："当我感到压力很大的时候，我说话的语气就和我妈妈当年的一模一样。"

我们太过于想弥补童年的缺憾，以至于时常会忽视逆反心理的潜在风险。举个例子，如果我们的父母以前对我们很挑剔，会依据我们的表现来表达关爱，我们就可能想给自己的孩子无条件的爱。遗憾的是，这样做无异于对孩子的行为全盘肯定，无论他们是无理取闹还是礼貌谦恭，是让人难堪还是温柔友善。如此一来，我们就忽视了他们渴望掌控和寻求价值的真实需求。如果我们的父母多愁善感而又对我们宠溺有加，那么我们可能就会刻意与孩子保持距离，给予他们我们小时候梦寐以求的空间和尊重。不过，孩子期待的也许恰好是更多的拥抱。

问题的关键在于，无论我们采取何种方式，我们都是在对自己的故事做出"回应"，而并没有看到孩子真正的需求。我们的教育方式受制于我们自身的经历和需求，却未能顾及孩子面临的实际情况。我们本该有意识地按照孩子的需求来对待他们，而实际上，我们只不过是在用曾经希望父母对待我们的方式来对待孩子。萧伯纳曾说过："别用你期待别人对待你的方式来对待别人。他们可能会有不同的喜好！"

以下这则故事就是反映逆反心理的真实案例。玛丽亚的朋友艾伦到玛丽亚家做客，玛丽亚骄傲地让7岁的儿子罗伯特把成绩单拿出来展示一下。罗伯特觉得十分尴尬，极不情愿这么做，于是玛丽亚径直告诉了艾伦自己儿子的分数。这让罗伯特十分愤怒："妈妈，你知道的，这些分数并不高！"玛丽亚温柔地说："可是这不重要！重要的是你尽力了！"

"不是的！"罗伯特大吼着夺门而出。"我不晓得他这是怎么了。艾伦，你怎么看？"艾伦说："罗伯特的分数的确很一般，你为什么要这样去表扬他呢？他很聪明，应该能考出更好的成绩。"玛丽亚解释说，她在比罗伯特稍大一点儿的时候，学习上曾遇到过一些困难，但是并没有人发现。来自家人和老师的批评不绝于耳，他们都觉得她是个"偏执的差等生"，为此她承受了巨大的痛苦和压力。在家里，她被贴上"懒惰"的标签；在学校里，她被其他同学嘲笑是个"笨蛋"。如今，玛丽亚对罗伯特无条件的赞扬，实际上是对自己过去遭遇的一种矫枉过正的做法。

艾伦温和地建议，玛丽亚给予罗伯特的也许正是她曾经需要的，却并非罗伯特所需要的。罗伯特需要的是父母对自己追求卓越、挑战极限的鼓励。"你可以问问，他是如何看待自己的成绩的？他对自己的期望是怎么样的？什么才是他所认为的优秀？"

当玛丽亚试探着问罗伯特为何不愿意展示自己的成绩时，他哭着说："妈妈，这不是我最好的成绩。如果我想拿'优'，是可以做到的。"他和玛丽亚谈起自己真正想要的是什么。当被问及设立什么样的目标才能展现最优秀的自己时，他的精神为之振奋。罗伯特对于追求卓越兴致高昂，因为这与他的人生目标一致——在生活中做最优秀的自己。接下来的一个学期，他成了班上的尖子生。到高中毕业时，他成为学校有史以来平均分最高的学生，还受到了当地报纸的表扬。（见附录 A 讨论练习1：逆反心理——"这不重要。"。）

◆ "复刻" 综合征

同样，我们还要避免把自己认为有价值的东西强加给孩子。我们会留下自己的遗赠，孩子也会留下他们的。尽管我们的价值观能够帮助孩子找到立足之地，但他们可能会登上更高的山峰。当然，他们攀登的肯定是不同的山峰。

把孩子当成独一无二的个体来看待，这需要我们摆脱对孩子"理应"拥有的本性或者美德的期望，尤其是那些仅仅为了让我们自己满意的期望。即便孩子内向安静，喜欢阅读，只有两三位好友，我们也不应试着改变他的性格，让他成为外向和热衷于社交的人。如果我们自己刚好性格腼腆、容易害羞，且有过一些社交失败的痛苦经历，我们便觉得有必要引导这个娇弱的生命朝着一个可能并不适合他的方向前行。在一次美德研讨会上，一位为儿童电视节目提供了极富创意的表演和设计的木偶剧表演艺术家在讨论环节分享了自己儿时的经历，那时她被公认是个"害羞"的小孩。她说这样的标签让她失去了朋友，也为她的生活编写了孤单的"剧本"，说到这里她难过得流下了眼泪。在讨论小组中，她勇于袒露心声，赢得了大家的信任和友谊。令人钦佩的是，她选择面对生活中的困难，并以创造性的方式在幕后展现自己的才华。

许多人常常觉得自己无论做什么都力不从心。父母的失望对孩子而言是灾难性的。孩子有时候难免会令我们失望，但原因是多方面的，可能包括：

* 在特定场景下，可能需要孩子具备某种特定的美德，但我们并未对这一场景做清晰的设定；
* 我们有不切实际的期待；
* 我们没有意识到每一个孩子都是独一无二的个体；
* 我们只是在填补自己内心的空缺；
* 孩子只是处在不顺利的阶段，这时他们需要我们宽容一些。

当然，我们会有向孩子传授自己的经验的欲望，但事实是，他们将用全新的视野去看待生活。因此，更有效的方法是：重点培养追求卓越或意志坚定的美德，然后以强烈的好奇心和广阔的视野去观察，看孩子是如何在生活中以其特有的方式去展现这些美德的。

◆只要有爱就够了吗？

也许你会提出质疑：我如果什么也不做，只是爱我的孩子，难道他们就不能好好成长吗？将父母视为精神导师似乎有违自然天性，因为这要求父母刻意去磨炼、考验和信任孩子获得美德的能力。可实际上，在孩子很小、很脆弱的时候，我们有搂抱和保护他们的本能。父母天生的保护欲对于孩子的安全是至关重要的。要知道，这种无条件的爱与呵护是孩子各方面成长的基石。

孩子在童年的任务就是玩耍。孩子需要大量时间尽情嬉戏打闹，做傻事，依偎在父母身边，享受单纯的快乐。追求快乐是孩子的天性。然而，他们有时候也会渴望掌控和寻求价值。每当这时，导师便格外重要。他会鼓励孩子发现自身的优势，践行当下所需要的某一种美德——也许是和善、慷慨、灵活，抑或是自律——并做到极致。诚然，也会有很多时候，我们不得不看着孩子处于痛苦之中却束手无策，我们能做的只有安慰和鼓励他们。也许从某种意义上来讲，这让我们懂得了何时该伸手保护、何时该置身事外。这或许就是父母能够给予孩子的最伟大的爱。

下一章将探讨父母该如何在精神上对孩子进行教养，以及如何让孩子成为佼佼者。

第二章

父母该如何做？

——美德培养原则与实践

人类的幸福，是建立在精神行为的基础上的。

——阿卜杜勒 - 巴哈

父母和子女关系的基础，是把孩子当作应该对自己的行为负责的、有天赋的、具有多种潜在美德的独立个体来对待。本书倡导全面审视父母的角色，将父母视为：

* 教育者；

* 权威；

* 顾问；

* 引导者。

下面我们将提及的五大策略都是关于如何扮演好这些角色，从而实现父母和孩子的共同成长的。这些策略被全世界的家庭、学校和企业广泛运用，用来激励人们最大限度地发掘自己的潜能。这些策略包括：

① 识别教育时机；

② 使用美德语言；

③ 设定清晰的界限；

④ 尊重心灵；

⑤ 提供精神陪伴。

父母的角色就如同钻石的不同切面。在每一种角色中，父母都可以把某一种策略作为他们的主要工具。美德语言是父母在以下所有角色当中都会使用到的工具。

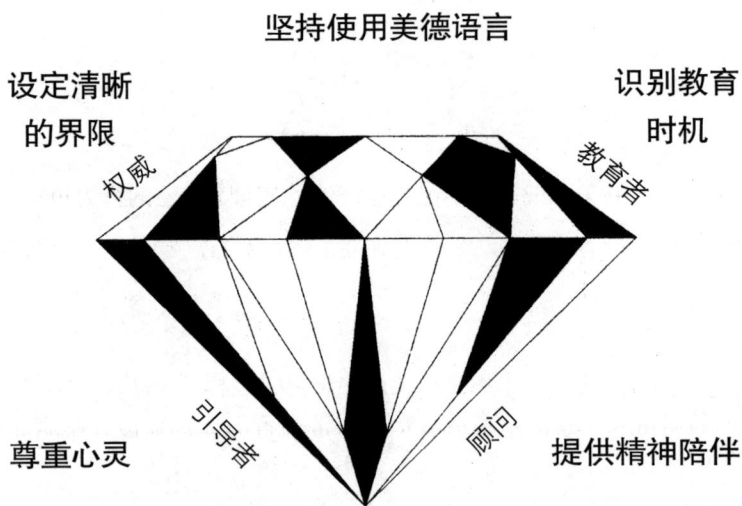

坚持使用美德语言

设定清晰
的界限

识别教育
时机

权威

教育者

尊重心灵

引导者

顾问

提供精神陪伴

◆父母作为教育者

　　教育意味着要引导孩子把已经具备的美德"展现"出来。父母在孩子内在美德的培养中扮演第一位也是最重要的角色——教育者。因此，父母是老师而不是独裁者，是引导者和顾问，而不是同伴或朋友。作为教育者，父母要帮助孩子成长，让他们有能力去面对生活中的诸多挑战，成功应对生活中不可避免的考验。

　　父母的首要工作就是给予孩子关注，关注的质量与专注的程度是成正比的。关注孩子就是发现孩子今天做到了过去做不到的事情，并且给予他们极大的尊重，把他们看成有明确目标的人。关注孩子也意味着你要将其视为独一无二的个体。孩子人格的健康成长源于父母对孩子的正确认识，父母还需有技巧地引导孩子展现自身的闪光点。

　　策略1和策略2是父母作为教育者时可以使用的最佳工具。

策略 1：识别教育时机

　　曾有人说："人生就是一个不断从教训中学习的过程。"识别教育时机就是将生活看作学习的机会，意识到每天发生的琐事都是对我们性格品质的磨砺。我们在生活当中遭遇的所有考验和困难，都可以被视为培养美德的机会。危机也意味着机会。我们的可教性和谦虚的学习态度使得我们乐于接受自己的生活，哪怕在遇到困难的时候也是如此。

　　在养育孩子的过程中，教育时机就是需要使用美德的时候。父母会将它视为引导孩子展现最好的一面的机会，或是确认和强化正在培养的美德。用这种方式，父母能够触及孩子内在的品质，而非仅仅控制孩子的行为。在某个特定的场景中，指明需要的某种美德——父母用这种方式引导孩子，让他们知道自己有能力拥有这种美德。但颇为讽刺的是，在互动的过程中当孩子有渴望掌握和寻求价值的需求时，父母如果总是发号施令、进行羞辱或说教（通常没什么效果！），往往容易引起孩子的强烈反应。即使是年龄很小的孩子，每天也有许多教育时机。你可以对想要吃饭的3岁小孩说："你很有耐心哦。"或者如果他开始变得不耐烦，你可以说："宝贝，耐心点儿哦。我洗完手就来喂你。"

◉ 从羞辱到指明美德

现在是时候用"指明美德"的方式来取代"羞辱孩子"的方式了。许多成年人十分缺乏自尊心，而这可能源于他们在原生家庭中曾有过蒙受羞辱的经历。他们一生都在苦苦挣扎，因为内心充斥着无价值感和无力感。如果孩子很少或得不到回应、老是被批评、身心受到虐待、被忽视或缺乏爱，就会滋生自卑感。

在美德研讨会上，我们曾经让参会者说出自己曾经被父母或其他监护人起过的外号或贴过的标签，我们听到了很多痛苦的故事，也看到了许多眼泪。这些标签包括愚蠢、懒惰、害羞、坏孩子、胖子、固执、迟钝等，还包括一系列毫无意义但明确传达了"无价值"或"不足"意思的带有负面情绪的话语。

来自中东的伊赫桑讲述了他生命当中的一个转折点。那是他6岁的时候，他的爸爸刚刚在地下室搭建好浴室。他兴奋地跑下去对爸爸喊道："爸爸！爸爸！我想泡澡！""你这个笨蛋，"他爸爸说，"你难道不知道要过几个小时才能放水吗？一边去！"他爸爸错过了一个多么宝贵的教育时机呀！这对孩子的热情是多么大的打击！如果爸爸没有羞辱他，没有给他贴标签，而是指明他所需要的美德，那么伊赫桑又会如何呢？例如，爸爸可以说："我感受到你对泡澡这件事的热情了。但如果你想泡澡，可能还需要耐心等待一段时间哦。"他们本来可以一同分享感恩的美好时光，一起看着水注满浴池，而事实并非如此。伊赫桑因受到爸爸的羞辱而涨红了脸，他跑到妹妹的房间，躲在妹妹的摇篮下哭泣，结果他不小心撞翻了摇篮，妹妹掉了出来并开始大声哭闹。爸爸妈妈闻声赶来，伊赫桑从此便被贴上了"闯祸精"的标签。这只是生活当中发生的一件小事，却给伊赫桑带来了巨大的心理创伤，哪怕现在他已为人父，心里的伤口依旧未完全愈合。（见附录 A 讨论练习2：从羞辱到指明美德。）

❸ 使用美德，而不使用标签

给孩子贴标签或取外号会给孩子带来负面的自我认知。大多数父母在生气或感到失望时，都会不自觉地给孩子贴上标签。"你为什么这么蠢？""别像个白痴一样。""你是怎么回事？""你疯了吗？你拿着笔在妹妹眼前晃来晃去，万一把她戳瞎了怎么办？"这种形式的话语传达了强烈的打击性信息，剥夺了孩子进行道德选择的权利。孩子往往会把父母的话视为真理，会认为标签是真实的。如果他们经常听到这样的话语，那么他们也会逐渐成长为标签所描述的样子。每当孩子冲动时，实际上就是最佳的教育时机。"詹姆斯，你那样做很危险，你的妹妹可能因此受伤。你能不能践行自律的美德，停止扔笔呢？"在特定情景中，实事求是地指出孩子的不当行为和在那个情景中所需要的美德，实际上是给他一个反思当下、追寻美德的机会。话虽如此，父母也有适合表达愤怒情绪的时候，不过前提是这种情绪是以清晰的形式来表达的，而非以暴制暴。情绪越强烈，效果就越显著。父母用坚定、命令式的语气表明某种行为是不能接受的，指出孩子缺少某种美德，这会让孩子记忆深刻。但如果父母平时就是用这种语气与孩子对话的，那么此时这种话语就不会产生任何效果。

更加有效的方式是，在孩子践行了诸如自律、温柔、谨慎等美德后，父母对其进行肯定："我看到你对妹妹很温柔哦。"

父母即便给孩子贴上积极的标签，也可能适得其反，因为那个标签可能会给孩子施加过大的压力。孩子在成长的过程中可能因此放弃原本的自我，转而局限在一个狭隘和僵化的角色当中。一个女孩小时候因为为抚养10个孩子的妈妈提供了巨大的帮助而被冠以"小妈妈"的称号，在她成年后，她发现自己一直都在扮演照顾别人的角色。她嫁给了一位她已经照顾了多年的酒鬼，她很难说服自己去享乐、享受闲暇时光或接受他人的照顾。

父母给孩子贴标签最常用的方法就是使用"好孩子"和"坏孩子"这两个宽泛而模糊的词。然而，当教育时机出现时，父母应该及时使用具体的美德语言，比如"你刚刚做的对我很有帮助"或"请体谅一下他人，轻声说话"。（见附录 A 讨论练习3：识别教育时机。）

我们如果仔细观察孩子，就会发现孩子如同丰富的矿藏，蕴藏着许多珍贵的美德宝石。引导他们展现最好的一面，就是要去挖掘他们身上的宝藏。

● 不要为孩子做，让孩子自己去做

大多数父母安于扮演付出爱和情感的保护者和照顾者的角色，也许这是为人父母最自然的本能。作为照顾者，同时又是教育者，我们需要警惕自身对孩子过度保护的本能——保护他们免于面对精神挑战或接受教训。教育型父母的指导原则是：

＊不要为孩子做他们有能力做好的事情；

＊为孩子做他们无法独立完成的事情。

允许孩子承担新的责任，不要期待孩子做到完美，但在他最初开始努力时给予鼓励，让他建立信心和责任感——孩子道德品质中最基本的两种美德。让他给自己倒牛奶，开始时你可以手把手教他，然后放开手让他自己做，及时肯定他的责任心，让他建立真正的自尊心。"你能自己倒牛奶了，这说明你很有责任感。"如果你这样说，孩子一定会骄傲地冲你点头。

什么时候需要鼓励孩子继续努力，什么时候应当给予孩子直接的帮助，要区分和把握这两种时机是需要智慧的。我曾看到过这样一个温暖的场景：一位父亲正在和他9岁的儿子谈话，谈论如何与怂恿这个孩子去偷东西的朋友相处的问题。"儿子，你和兰迪在一起时发生了什么事？"男孩静静地坐着回答道："我只是想吃糖果，就按照他说的做了。""儿子，诚实真的很重要。如果我暂时不让你见兰迪，你认为这样对你有帮助吗？"男孩哭了起来，他如释重负地说道："是的，爸爸，会有帮助。"爸爸抱了他一会儿，说："我知道你接下来会如实地告诉我发生了什么，还有你需要哪些帮助。"这位父亲还可以用另外一种方式来谈话，他可以问自己的孩子："我怎样做才能帮助你变得更坚定？这样你就可以做自己想做的事情，而不是做他想让你做的事情。"

尽管我们在每天的教育时机中都想支持孩子、让他自己去解决问题，但我们必须清楚，也会有他们无法处理好事情的时候。这就需要我们仔细观察，看他们是否已经做好准备。如果他们还没有能力处理好，我们就必须帮助他们处理，或者与他们共同处理。我们不能把孩子扔给狼群。无论是监督他们观看电视节目或电影，还是应对他们无法抵制的来自其他孩子的影响，抑或支配他们过多的自由时间，我们都要清楚什么让孩子去处理是合适的，什么是他们能够处理好的。（见附录 A 讨论练习4：准备好了吗？）

● 避免滥用内疚感

帮助孩子展现最佳的一面，就是不断激励他们更好地自我实现。内疚是一种馈赠，是良知发出的"安静的、细微的声音"。它是心灵的警示灯，它会发出来自美德源头的信号，告诉我们有些事情是不对的。 然而，内疚并不能告诉一个孩子怎样做才是正确的。孩子需要美德语言来指导他们去做应该做的事情。

父母因孩子做了错事或者做了不能接受的事情而羞辱孩子后，就很容易感到内疚。

认识到孩子的良知在萌芽阶段的脆弱性和有效性，从而保护好孩子的自尊心，这对懂得尊重的教育者而言是非常重要的。

在进行美德培养时，父母要做"温和的观察者"，而不要做"内心的批评者"。用爱和温柔去对待我们的错误，在下一个教育时机到来时，及时指出孩子要践行的美德，比沉溺于内疚当中无法自拔要好得多。内疚仅仅是提醒我们做出改变的信号，而绝不是一种生活方式！

● 如果你的孩子犯了严重的错误，你该怎么办?

对父母而言，也许最难的是在吃惊地发现自己的孩子犯了非常严重的错误或做了非常糟糕的事情，比如偷窃、破坏财物、撒谎、恐吓或以残忍的方式伤害了其他孩子时，还能做到不羞辱孩子。几乎所有的孩子都曾做过这些事情，不管他们从父母这里得到了多少指导和关爱。然而，当这些事情发生的时候，父母当时本能的反应肯定是震惊和羞愧。父母会感到困惑："我究竟哪里做错了，才培养了这么可怕的一个孩子?"

有效解决这个问题的关键，在于父母要使用超脱的美德来防止自己过于惊讶，转而关注如何唤醒孩子的良知、荣誉感、正义感和爱心等。这些美德孩子本来就具备，只是有时候需要通过恰当的引导才能使它们展现出来。当孩子做了非常糟糕的事情时，父母应该怎么做呢? 这时已经不是分析孩子动机的时候了。"你捡起石头的时候，是不是对妹妹很生气?"这样的表达只能帮孩子找到逃避责任的理由。这时也不是你大发脾气的时候："你怎么敢这样做?""你这是怎么了?""你怎么能这样?"这些出于惊恐的含糊表达对于帮助孩子建立良知毫无意义。父母最终会感到内疚，甚至会在事后去安慰孩子。以下步骤可以帮你唤醒孩子的良知，并且不会让孩子受到羞辱，不会帮孩子开脱责任，也不会让整个状况雪上加霜。

* 制止孩子的行为。

把石头从孩子的手中拿走。

* 指出某个特定的美德。

"停下！你这样做很危险！你这样就要违背和平相处的美德了。"

＊简要解释为何这样是不对的。

"你在生气的时候使用武器是万万不可的。有人可能因此受伤。"

＊立刻做出相应的惩罚。

"马上回房间去，好好反思一下。"

＊鼓励孩子做出补偿。

在事情发生以后，鼓励孩子谈谈发生的事情，然后鼓励他做出补偿。"发生了什么？"在倾听孩子的回答以后，问问他："你当时忘记跟妹妹和平相处了，你如何才能补偿妹妹呢？"

用正确的方式让孩子感到内疚可以让孩子有机会弥补过错，让他明白自己受到处罚的原因，并做出补偿。然后，要鼓励孩子今后尽可能地用平和的方式来表达愤怒，这是至关重要的。

◉ 成为老师，而不是说教者：别用美德来说教

我们这里针对的仅仅是有说教习惯的父母。本书并不提倡口头上琐碎的道德说教。作为教育者，教导美德与说教截然不同。如同其他工具一样，美德语言也可能被误用或被用来操纵他人。如果是这样，那真的是件令人悲伤的事情。当孩子努力习得某种美德时，父母要对他们表示肯定和尊重；当他们的行为偏离轨道时，父母要引导他们回归正确的方向，这与不合时宜的说教完全不同。你还记得父母曾经对你进行的那些说教吗？你还记得自己当时是如何沉浸在白日梦里，对他们的说教充耳不闻吗？下面的例子是关于孩子不愿意与别人分享时父母的回应，这也许可以帮助我们明确说教和教育之间的区别。

孩子从同伴手里抢走了一辆玩具汽车。

说教型父母会说："约翰，你应该学会分享，慷慨一点儿。如果你做不到，就只能自己一个人玩了。"有些父母甚至会说："如果你做不到，就没有人喜欢你了。"

教育型父母会说："约翰，你要对朋友慷慨一些。你想和他分享哪件玩具呢？"

或者说:"怎样才能帮助你和平地与朋友分享玩具呢?"或者说:"约翰，慷慨一些。你是想和朋友轮流玩这辆汽车，还是一起分享其他的玩具呢?"

"应该"一词一旦出现，就意味着说教的开始。这个词带有羞辱的意味，往往会招来孩子的眼泪或愤怒的回应。然而，如果父母对孩子进行坚定而又温和的教育，那么孩子往往能平静下来，并认真考虑他所拥有的选择权。当然，这样做也能够增强他们做出道德选择的能力：他们可以选择公正和慷慨，选择关心他人而非自私自利。

识别教育时机与使用美德语言是息息相关的。

策略2：使用美德语言

语言对人的影响是巨大的，它可以激励人进步，也可以使人气馁。如果我们肯定彼此的美德，提醒各自需要具备哪些美德，而非使用羞辱、责怪的语言，就能够建立起自尊心。如果你的家里、学校中或工作环境中充斥着"懒惰""愚蠢""糟糕"这样的词语，那么类似的行为也会随之而来；相反，如果你使用"勇敢""有帮助的""灵活"等词语，那么无论是你的孩子、员工还是朋友，都会被驱动着照此行事。

● 运用语言的力量来塑造文化

美德语言有助于改变家庭文化，促进家庭价值观的提升。美德本身就提供了一种有关精神、卓越和意义的朴素语言，父母可以运用美德语言来肯定孩子的努力和成长。即便在孩子行事冲动时，父母也可以用美德语言唤醒他们最好的一面，让他们在当下做出最优的选择。使用美德语言本身并不是要给孩子贴上"好孩子"或"坏孩子"/"优秀小孩"或"问题小孩"的标签，而是让美德成为一种标准，让孩子可以以此来衡量自己的责任并评估自己的行为。例如，在使用美德语言的家庭中,孩子可能会想:"今天我没能做到有耐心,但摆放餐具的时候,我帮了忙。"这些美德语言可能会成为家庭互动中最常用的词语。

显然,家庭中的每个人,无论是婴儿还是老人,都可以在温和而诚实地审视自身美德的过程中受益。如果你们决定为世界和平树立典范,那么可以通过在家中建立"和平区"来实现,并通过和平的方式来解决矛盾和冲突。在一个有小孩的家庭里,家人制作了一块"和平地毯",每当有人需要通过讨论来缓解愤怒的情绪时,这块地毯就会被拿出来。你们也许将帮助他人视作核心美德之一,那么你们可以建立一个特别的账户,用来为需要帮助的人购买礼物。

有一家人生活在一个冬天非常寒冷的城市,他们聚在一起,共同讨论该如何帮助别人。在一个极其寒冷的冬日,他们在城市里转悠,观察那些流浪街头的人,想看看他们需要些什么。当他们结束这次特别的旅行回到家后,爸爸问:"你们有什么发现吗?"5岁的孩子回答说:"我看见他们有的人冻得瑟瑟发抖,不断搓手。""那你认为他们需要什么呢?""手套!"孩子兴奋地说。于是,这家人便去二手商店买了一些手套,然后沿街分给那些无家可归的人。

● 运用语言的力量来实现转变

孩子内在的每一种精神天赋都蕴藏着巨大的潜能,它们可能被正向引导,也可能被反向利用;可能被无视、埋没,也可能被发掘、培养。例如,一个孩子天生精力旺盛,干什么都要比别人多一些——要玩更长的时间、吃更多的冰激凌、看更多的书——这样的特质可以发展成热情、奉献和有目的性,但若被贴错标签或被批评,也可能发展成贪婪、自私和有攻击性。如果给孩子贴上"你太贪婪了"的标签,这个标签就可能成为孩子人生的脚本;而如果引导孩子去培养某种美德,对孩子说"你吃巧克力的时候可以适度控制一些"或者"苏西,你今天晚上对阅读有很高的热情呢。不过,你可以稍微自律一些,讲3个故事时间太长了,只讲2个故事怎么样?",孩子就会意识到自己可以学到什么。

每个孩子都可能为世界带来光明或黑暗。个性强的孩子可能成为领导者，也可能成为霸凌者，这取决于他觉得自己在父母眼中是什么样子的。这些差异源于他是如何被训练和教育的，他接触到哪些人物和榜样，以及其父母在质疑和引导其天性时所使用的技巧。

无论成年人还是孩子，当有人指出他们的美德时，他们都会做出特别的反应。这是由于美德是心灵的属性，而且我们相信，是心灵在做出回应。一位电视访谈节目的主持人曾经说过："如果有人叫出了你的真名，你怎么可能做到头也不回地离开呢？"

美德亦是心灵的语言。一个人的美德若是得到了肯定，即便是首次得到肯定，也会让他产生强烈的回应。这样的例子数不胜数。在监狱举办的美德分享会上，一群少年犯听到来自同伴、教导员和狱警对自己美德的肯定时，流下了眼泪，并敞开了心扉与人交流。其中一个12岁的女孩，10岁时为了加入帮派而犯了谋杀罪，她说："我知道，从这里出去以后，我需要一种新的生活方式。现在我知道那种生活是什么样的了。我会遵循美德生活，美德是我的天赋。美德就是真正的我。"

● 用美德来肯定

自尊是自我认知中所有正确、积极事物的总和。无论孩子还是大人，在努力培养美德的过程中都需要获得大量的反馈。他们需要知道自己的行为是怎样的，期望自己的行为得到他人的关注和认可。他们这样做不是为了取悦任何人，而是出于对自己本性的尊重。寻找孩子努力的迹象，然后奖励他们，不是用糖果来奖励，而是用美德来肯定。这样做并不意味着，你需要对孩子做过的所有事情都予以肯定——这会滋生孩子对赞美的依赖。相反，你应当选择在合适的教育时机，对孩子恰当的行为予以美德肯定，这样能够给孩子带来内在的力量以及真正的自尊。

　　肯定美德最重要的时机，是在孩子努力遵循那些不易获得的美德行事的时候。当你看到孩子努力去践行某种尚未发展起来的美德时，最有意义的教育时机来了。过去，人们曾有过一些奇怪的观念，认为夸赞会让孩子"冲昏头脑"，会导致他们"沉溺于自己的荣誉"。这样的观念似乎有些消极。任何年龄段的人，当他们表现出非凡的勇气或做出体贴温柔的举动时，都是对他们给予肯定的恰当时机——"我觉得你很勇敢。""你很体贴，谢谢！"一个平时很胆小的人表现出勇气或一个特别以自我为中心的人表现出体贴时，他们最需要的就是来自他人的反馈，这一点儿微弱的光亮对他们而言至关重要。我们正是通过使用美德语言这种方式始终牢记真正的自我。

　　请务必有节制、有智慧地给出肯定。哪怕是以美德的名义，也不要过度表扬孩子。孩子对于父母给出的回应是否公正和诚实非常敏感。人类天生就有一种辨别真伪的神奇能力。孩子自己非常清楚自己什么时候做得好，什么时候值得被认可。这就是为什么有些孩子在得到了不应得的表扬或过度的表扬后，反而会感到沮丧。不应得的表扬对孩子而言可能和批评的效果是一样的。如果孩子得到的是有关美德的肯定，他们得到的反馈才是最有效的，这能够让孩子看到真正的自我。

　　对孩子的肯定可以用关怀、注视或温柔的抚摸来表达，不一定总要付诸语言。我们传达的精神比语言更重要。然而，当孩子需要被告知自己的行为是否恰当时，用美德语言予以反馈就非常必要。"今天你的朋友抢走你的玩具汽车时，我看到你很宽容，并且原谅了他。"对霸道的孩子而言，这样的话可以使他知晓你从他身上看到的美德，从而唤醒和强化他的这些美德。"今天你的朋友抢你的玩具汽车时，你对他的态度很坚定哦。"对可能会放任其他孩子越界侵犯自己权利的孩子而言，这样的话可以唤醒和增强他捍卫自己权利的能力。

　　认可美德的说法有很多种：

　　"我非常佩服你……的勇气。"（说明具体的情况或行为。）

"我很认可你……的勇气。"

"我看到你很勇敢。"

"你那样做需要很大的勇气。"

"你……的时候很勇敢。"

"你很勇敢。"

当你的孩子做出对你产生直接影响的事情后，你可以说："谢谢你的体贴（或帮助、善意等）。"不要笼统地说"谢谢"，而应该具体指明某种美德，比如"谢谢你能保持安静"。这样表达并不是为了说明你自己在一个较为安静的环境中感到更加舒适，而是为了让孩子学会保持安静。过多地说"谢谢"会把你置于孩子良知的中心，而不会让他把良知置于自身的中心。（参见附录 A 讨论练习5：认可美德。）

● 用美德来纠正行为

孩子"行为不当"有多方面的原因，他们也许是累了，也许是想搞破坏，也许是因为他们想做某事但感受到了父母的紧张，等等。作为教育者，父母如果阻止了孩子的某种不当行为，实际上和为孩子努力鼓掌一样是出于对孩子的爱。作为精神导师，在孩子表现不好时父母会非常敏感和警惕，他们不会让孩子脱离正轨，伤害自己或他人，这样实际上是在帮助孩子建立安全感。

当孩子犯错时，父母做出回应的最好方式就是认清当下所处的教育时机。我们时常会有这样的经历，当我们说"快停下"的时候，孩子脸上只有不知所措的表情，但他并没有问你为什么让他停下来的意识。向孩子指明某种或某些美德，可以为孩子设定一个框架背景，让他们明白自己正在做什么。他们对于美德的召唤非常敏感，也会以开放的态度听你说话。

此外，向孩子指明美德，实际上也是告诉了他你的期望。停止做某件事是非常困难的，专注于做某件事比停止做某件事容易得多。"别打弟弟"这样的话语是把孩子看成了施暴者。而类似于“要学会与人和平相处，学会用语言而不用拳头解决问题”这样的话语则能更加清楚地表明，你希望孩子改变自己的行为。

用美德来纠正行为的说法有很多:

“请和善一点儿。”

“现在要怎么做才能帮助你平和一些呢?”

“现在能不能体贴我一下，把音乐的音量关小一些?”

“请耐心一点儿。”

“这可能需要很大的耐心。”

“我要怎样才能帮你学会自律，自己想起来做作业呢?”

“你现在需要哪种美德呢?”

有一个名叫安妮塔的3岁女孩，她非常善于使用美德语言，并且会用美德语言来回应他人。有一天，她正在努力自己穿靴子，她妈妈在一旁走来走去，并催促她快一些。安妮塔说:“妈妈，你知道自己现在需要什么美德吗?”“宝贝，你认为我现在需要哪种美德呢?”安妮塔巧妙地回答:“我觉得耐心可能会帮到你。”第二天，晚饭前妈妈不允许安妮塔去院子里玩，她噘着嘴说:“妈妈，我认为你现在需要一种美德!”“哦?”妈妈此刻似乎没有像昨天那样乐于接受她的观点。“你需要‘允许’的美德!”“不，亲爱的，”妈妈收起了笑容，“是你需要践行服从的美德。”“哦，我明白了。”她腼腆地笑了。

指出行为，而不是行为者

无论是哪种教育时机——指出孩子做得好的地方或者提醒孩子他忘记了某种美德，维护孩子的自尊都是至关重要的。若要做到这一点，就需要我们指明行为，而不讨论行为者。

以下是不恰当的肯定美德的说法:

“你真负责。”

"你是个善良的人。"

"你总是乐于助人。"

"你是妈妈的小帮手。"

"你是个好孩子。"

以下是恰当的肯定美德的说法：

"能自己铺床是很负责任的行为。"

"这是非常善意的举动。"

"你对小宝宝多么温柔哇。"

"我很佩服你帮助他人的行为。"

"谢谢你上午帮我。正是因为你帮忙做好了午饭，我们所有人才能够及时做好准备。"

"你能自己去坐公共汽车了，我为你的勇敢感到骄傲。"

以下是羞辱性地使用美德纠正行为的说法：

"你从来都没办法与人和平相处。"

"你怎么就记不住要礼貌待人呢？"

"我希望你能自律一点儿。"

以下是有效地使用美德纠正行为的说法：

"从现在开始请友好地和朋友玩耍。"

"你怎样才能平和地处理自己愤怒的情绪呢？"

"我知道你可以做到礼貌待人，继续努力。"

"做作业真的需要自律，你觉得呢？"

"你不会对妹妹不友好吧？"

在对孩子予以肯定时，用"这是非常善意的举动"比"你是个善良的人"好得多，因为后者是在给孩子贴标签，这样孩子在受到过度的赞扬时就会感到局促。在纠正孩子不友好的行为时，请使用"你忘了表现善意哦"这样的话语。相较于用"你怎么这么刻薄"给孩子贴标签，前面那句对孩子而言易于接受得多。

提出具体、正面的要求。用美德语言来描述具体的行为，能够帮助孩子看到自己的进步，不要让孩子一味去追求那些他们认为可以取悦他人的品质。进行美德肯定和用美德纠正行为，都是为了帮助孩子塑造性格，去唤醒和强化孩子的内在美德，而不是为了提升他们取悦别人的能力。父母的快乐是对孩子行为的最大肯定，如果你的孩子显露出你所认同的品质，那么就请尽情地表现你的快乐吧！（参见附录 A 讨论练习6：用美德来纠正行为。）

◉ 要明确且具有针对性

对美德最有力的肯定，就是专注于某种能够准确反映核心问题的美德，能够确切地指明孩子行为的意义或者孩子需要做的这件事情的意义。当孩子试着去做一些令他害怕的事情时，比如他第一天去上学，"我很欣赏你的勇敢"就比"我很欣慰你能关心他人"更加有力，因为对培养关心这种美德而言这不是恰当的教育时机。在孩子面对恐惧的时候，勇敢、自信或坚定才是我们应予以肯定的美德，这些才与当下的情境相关。你只要问问自己"现在要学习的是什么？"，便能够确定适合此刻这个教育时机的美德是什么。

每一位好老师都会尊重自己的学生，在课堂上也总是能创造一个温和而有序的学习环境。作为孩子的第一任老师，父母也需要为孩子提供一个温和而有序的成长环境。

◆父母作为权威

策略3：设定清晰的界限

　　说到权威，父母面对众多有关如何解决冲突的建议时该如何选择呢？在北美，有关权威的问题可能要比其他的教育问题更令人困惑。如果父母一方面想动用权威，一方面又担心"用不好"，反而会弄巧成拙伤害到孩子的心灵，那么父母和孩子之间的关系就会变得混乱。家庭当中如果缺乏清晰的界限，也会导致家庭成员之间陷入无止境的权力斗争和争吵中，因为他们彼此都不愿意认同对方的观点。许多父母都希望能够正确地使用权威，但并不确定自己怎样才能在树立威信的同时又不伤害孩子的自尊。这是一个非常值得我们思考和探索的问题。

● 基于权威的教育模式

　　说到父母权威，传统上可以将父母归为4种类型，每一种类型都会对家庭生活质量产生巨大的影响。

　　①放任型：该类型的极端情况就是孩子完全被忽视。

　　②专制型：该类型可能转变为压迫型。

　　③民主型：该类型可能引起冲突和权力斗争。

　　④摇摆型：该类型会在以上3种类型中来回摇摆，导致出现混乱。

放任型

　　对孩子放任的父母或者说放任型的父母往往会避免使用权威。这或许因为他们会把任何使用权威的行为，等同于独裁模式，在这种模式中，孩子的价值是无法体现的。但通常实际的情况是，他们自己曾经在严厉的、有较强控制欲的父母身边长大，受到过来自父母的辱骂或伤害，所以他们不想让自己的孩子也有同样的经历。有时放任型父母的出现，完全是因为他们本身忙于生计，几乎抽不出时间和精力来建立家庭秩序。而有时这种模式的形成，是因为父母完全没有辨别是非的能力。有人认为，如果父母态度不够明确，孩子自然而然会产生焦虑感。为了表明态度，父母即便做错了，也比长期模棱两可好得多。"失养儿童"其中的一个定义就是父母对其没有明确期待。

一个父母没有树立权威的家庭，就如同一个没有领导的团队。不知道清晰界限的孩子，就如同不了解工作内容的员工。试想，如果你第一天去上班，你的上司走进来跟你说："好好干！"但却并没有告诉你应该干什么。这与父母让孩子"听话"却又不告诉他们该如何去做有什么分别呢？父母对孩子没有明确的期待，孩子也就没有明确的目标。如此一来，孩子怎么能知道自己做得是否正确呢？孩子又如何能感受到自己的重要性呢？更重要的是，孩子怎么能知道该如何做才能满足自己渴望掌控和寻求价值的需求呢？

专制型

基于权威的另外一个极端，就是专制模式。专制型父母试图控制一切，在家庭中营造出一种紧张的、不愉快的甚至是反叛的氛围。对专制型父母而言，内疚感和羞耻感会被当作工具来强迫孩子顺从自己。对那些技巧纯熟、擅于利用孩子的负罪感的父母而言，做到这一点毫不费力。在这样的家庭里成长起来的孩子通常拥有讨好型人格，习惯于取悦他人，或走向另一个极端，成为叛逆者。在很多文化中，打孩子或者体罚孩子，是父母实施权威的主要方式。不幸的是，这样的教育方式通常会升级为严重的家庭暴力行为，给孩子带来深刻的、无法弥补的羞耻感，并使他们强化自己是"坏孩子"的认知。这会使他们的希望破灭，并毁掉他们自身的价值感。这对唤醒他们的美德毫无益处。在专制型家庭中，一旦有了能力，孩子就会毫不犹豫地选择离开家庭。

民主型

如今，许多父母教育项目都倡导家庭生活应当民主、平等，每一位家庭成员都应被平等对待，父母的权威被认为是不合时宜的，孩子的判断也被赋予同样重要的地位。这听上去很棒，但实际上却行不通。因为这样的话，所有事情都将是可商议的。如果父母和孩子说话的分量相同，那么家中不可避免地会时常发生混乱、困惑和争吵。家庭的团结也常常需要妥协才能达成，持久的和平自然也无法实现。价值的平等，并不意味着作用的平等。父母与孩子被平等地看待，也并不意味着他们需要扮演同样的角色。

由于孩子对于秩序和可预见性的需求十分强烈，如果出现了权威真空，他们就会自己去填补，从而成为权威。有许多专横的孩子，他们通过自己的情绪、反叛和愤怒来支配整个家庭。这些孩子不受控制，往往是因为父母误解了在家庭中树立合理权威的必要性。

摇摆型

在放任型和专制型这两种权威模式间摇摆的父母是最不开心的，因为他们的孩子也常常会欺负他们。"我什么方法都试过了，"他们常说，"这些孩子根本没法管教。"尝试所有的方法，是摇摆型父母的一个主要特征。有时候这种摇摆型权威模式的出现，是由于父母因陪伴孩子的时间太少而感到内疚，特别是在那些父母都需要外出工作的家庭中，或是在需要同时兼顾工作、抚养孩子、操心家务等的单亲家庭中。这些来自经济和其他方面的压力会导致父母以一种令人不堪重负的方式来生活——似乎每天都要分秒必争地度过。不管是内疚还是困惑，这样做的直接后果是，很多父母不明确自己该扮演什么角色，而孩子被赋予了过多的权力，但却未能得到足够的引导。在这种模式下，父母成了操纵者，他们总试图哄骗、诱导或劝服孩子。但是孩子是优秀的学习者，他们的操纵能力比父母更高超。当这种情况发生时，父母会觉得受到了欺骗，自然会感到无助和愤怒，会先向孩子发泄自己的情绪，然后又满心懊悔和愧疚，随后便开始讨好孩子，这种模式周而复始，恶性循环。在这个过程中没有人是胜利者——也没有人能够学着去培养美德。

一个炎炎夏日，我们坐在湖边，看到一位妈妈正在追她6岁的调皮女儿，连哄带骗让她戴上遮阳帽，讲了一个又一个需要戴上帽子的理由。那个孩子却越跑越远，还一直在说："不，我不要。我不要戴帽子，我不要听你的话！"妈妈羞愧难当，但又似乎无可奈何，最终只能拿着帽子站在原地，眼睁睁地看着自己的女儿跳进水里嬉戏。过了一会儿，这位妈妈深吸一口气，鼓足劲儿，突然冲向女儿，并抓住了女儿的手腕。"你必须戴上帽子，"她大声吼道。那个女孩开始乱踢乱叫，但是被拖出了水，拽进了车子，整个过程中女孩都在喋喋不休地骂她的妈妈。

这里的问题到底出现在哪里呢？妈妈一开始对孩子采取了放任的模式，这引发了孩子不尊重妈妈的最初反应，后来妈妈又采取了专制模式，但却因此导致了孩子的愤怒和更进一步的不尊重。最后孩子依然没有戴上帽子。妈妈不仅没能和孩子一起欣赏美丽的湖景，同时还失去了宝贵的教育时机。其实，妈妈完全可以在孩子下水前设定清晰的条件——"如果你想在大热天到水里玩，就必须戴上帽子。"这个信息本该被清晰地传达。如果女儿说："我不听你的，我就是要不戴帽子下水。"那么，妈妈就可以说："瑞贝卡，你要懂得尊重。现在你有两个选择，要么戴着帽子去玩水，要么跟我一起在树荫下乘凉。"大部分孩子在面对温柔、坚定的父母时，都会选择服从。

本书倡导的教育模式

本书所基于的教育模式，既不是放任型，也不是专制型；既不提倡父母和孩子享有同等的发言权，也不提倡父母和孩子进行角色互换。本书所倡导的是将父母视为教育者的模式。父母的权威是为了让孩子不断学习而服务的。父母的权威是用来帮助孩子培养美德、发掘孩子内在天赋的，这就如同一个好教练会用纪律来帮助运动员发挥他所有的才能和优势一样。父母不能滥用权威来满足自己的控制欲或是被取悦的需要。如果我们愿意将父母的责任视为服务，那么我们必须放弃希望孩子无时无刻都爱我们并赞同我们的想法。一名好教练也不会和运动员商量，问他是否每天早上都可以5点钟起床训练。相反，一名好教练会担负起责任，帮助运动员不断超越自己的极限。我们必须放弃"成为有时候进行教育的朋友"这种想法，而是成为"有时候是朋友的教育者"。我们的孩子一生中会交很多朋友，但只有我们才有幸成为他们的第一任导师。

树立有效的家长权威是为了帮助孩子增强内心的权威感——一种个人责任感，一种能够清醒地做出道德选择的能力。孩子越小，越需求公正、慈爱的父母来引导和约束他们的行为。清晰、合理的纪律能为孩子自律的培养打下良好的基础。"纪律"的定义是"培养自制力的训练"或"为了培养某种特质或行为方式而进行的训练"。教育型父母所关注的行为方式恰恰就是美德。

● 给孩子两种教育：常规教育和仪式教育

孩子渴望清晰的界限，他们天生就渴望掌控和追寻价值，他们需要秩序感。他们想知道赛道在哪里、终点在哪里，想知道怎样才意味着是一名优秀的运动员或者好的儿女。如果没有界限，世界将变得难以想象。在孩子年幼的时候，他们也渴望未来具有可预见性。规则、仪式和制度的建立，能够让孩子感到这个世界一切安好。例如，小孩子喜欢在固定的时间上床睡觉，有时候他们甚至喜欢一遍遍地听同样的睡前故事。

我们的小儿子3岁时，曾在一次家庭夏令营中有过短暂的一段变成"硬汉"的经历。一天，我们坐在旅馆走廊的摇椅上和其他家长聊天，旅馆的厨师正好在休息，于是他和我的儿子在一旁说笑。突然，我儿子跑到一根柱子前对着柱子拳打脚踢起来，看上去他对自己的行为还颇为自豪。那个厨师大笑起来，我们走过去想一探究竟。厨师说："我刚才跟他说，他是个小男子汉，并且说：'我打赌你可以打倒那根柱子。'"这一切似乎无伤大雅。但到了第二天，事情却变得严重起来。夏令营的辅导老师对我说："你儿子一直用头撞其他孩子，怎么都管不住。"那天晚上，我们下楼去大厅时，他蹦蹦跳跳地冲到了我们前面。当我走到楼梯口时，我看到一个年迈的老太太正步履蹒跚地进门。我惊恐地看到我儿子低着头，正打算猛冲过去。我急忙跑下楼梯，在他撞到老太太之前拽住了他。这位老人是这次活动的特邀发言人，她刚刚从日本回来，已经八十多岁了，被誉为"世界瑰宝"，而我儿子刚刚差点儿伤到她。我知道自己必须和他好好沟通。那时我还不知道要使用美德语言，我很迷茫。责骂似乎对他不起作用，因为他已经把强壮当成了自己追求的意义，而撞人则成为他表现强壮的选择！那天晚上，我忽然想到了一个主意：编一个有关山羊的故事。有一只小山羊非常凶悍，其他山羊都不愿意和他玩耍。当然，那只小山羊和我儿子同名。在那个故事中，小山羊独自留在畜棚里，因为被同伴们排斥而感到非常难过。有一只年迈的雄山羊告诉他，他如果想要交朋友，就应该停止撞其他山羊，只能去撞栅栏或树木。最终，改过自新的小山羊受到欢迎，再次回到朋友们身边。我的儿子听完那个与他同名的小山羊的故事，立刻产生了共鸣。那个故事成了他的仪式教育。在接下来的几个月里，他每天晚上都要听那个故事。要是我当时知道用他的真名——"温柔"与"和平"来称呼小山羊就好了！

年纪稍大的孩子和青少年也需要日常的惯例，比如，每周都在固定的时间坐下来，分配一周的家务。这个时间可以通过某种仪式变得让人觉得快乐，比如那天的晚餐可以吃比萨饼，晚上一家人可以一起做些有趣的事情。

● 制定家庭基本规则的 10 条指南

制定家庭规则是设定清晰界限最有效的方式之一。为了保证规则的有效性，确定下来的界限需要家庭每一位成员遵守。这些规则必须简单明了，易于考察和衡量，它们不仅能够用来约束孩子的行为，更能够反映家庭愿景和使命。建立这种愿景的一个简单的方法，就是对照本书中的美德清单，还可以添加你认为有意义的其他美德，然后选出一些可以代表你理想的家庭特征的核心美德，比如和平、整洁、尊重、体贴和责任感等。

制定家庭基本规则也许是保证孩子身体和心灵上双重安全感的最重要的方式。基本家庭规则也能够设定家庭中相互尊重、和平共处、公平公正的界限。孩子对父母的期望了解得越清晰，他们越能够在努力"做了正确的事情"之后，感受到爱与肯定。当然，他们也会不断试探，看看自己究竟能走多远，他们这样做并不是为了和父母作对，而是出于对信任区域的探索本能："真正的界限到底在哪里？"

每个家庭都有规矩，不论是成文的还是不成文的，都有可以做和不能做的事情。在一个家庭中，如果界限划分不清晰，那么这个家庭便不是一个健康的家庭。在界限不清晰的家庭中，孩子会像老鹰一样盯着父母，观察在某一天什么事情可以做，什么事情不能做，这会让他们成长为老练的操纵者，但这并不能帮助他们在未来的人际关系中明确人与人的界限在哪里。一个健康的家庭会设定清晰的界限，从而确保事情可以顺利进行，保证孩子的安全，帮助每一位家庭成员尊重彼此对隐私、空间和体贴的需要，并且使家务事能得到公平分配。如果家庭规则过于严苛，只推崇服从而忽视自由，那么这种规则就显得太过沉重和有压迫感。相反，如果家庭规则过于松懈，重视自由而忽视服从，那么这样的家庭就很容易陷入混乱。为学习服务的权威，会在服从和自由之间寻求平衡，并帮助家庭里的每个人成长。家庭基本规则是秩序与团结的绝佳来源，它们也会提升家庭成员之间的好感，因为孩子知道父母对他们的期待是什么。美德就是"美好的样子"。孩子有意识地选择遵从家庭基本规则，是他最初的精神行为之一。

以下是关于制定有效的家庭基本规则的10条指南。

1. 适度。

任何时候,基本规则最好不超过6条。尽管你对孩子有许多期待,比如每天按时刷牙、出门前穿好衣服等,但这些没有必要一一写进基本规则里。什么才是最需要教育的领域?此时最重要的是什么?在制定基本规则时,你要关注那些你认为最需要培养的核心美德。记住,这些规则要适用于每个人。相比你说什么,孩子会更关注你做什么。

2. 具体。

制定符合你家庭特别需求的基本规则。例如,当你要践行整洁的美德时,规则的制定就需要和你所居住的区域相联系。一个居住在多雪、道路泥泞区域的家庭可能会制定进门脱鞋的规则。世界上也有很多地方有这样的规则,这是表现教养的一种方式。如果你家搬到了靠近海的地方,那么你也许可以制定这样一条规则:进门之前请先把脚冲洗干净。

3. 用肯定句,并把基本规则建立在美德的基础上。

避免使用否定性词汇来描述规则,这只会让人将注意力集中在错误的行为上。例如,不要使用如下规则:

①不许打人;

②不许在卧室吃东西;

③不许骂人;

④播放音乐时音量不许过大;

⑤家务做完之前不许出门。

相反,应该用肯定性词汇来描述规则,把重点放在你认为孩子和家庭当下最需要培养的美德上。

我们的家庭规则

和平。我们的家是和平的地方。我们解决矛盾的方式是以同情之心倾听，以诚实的态度交谈。我们用话语，而不是拳头进行交流。我们绝不使用武器。

整洁。我们只在厨房和餐厅吃东西，以此来保持房间的整洁。我们使用完东西（包括玩具），要及时收起来。

尊重。我们彼此说话应相互尊重。当门关起来时，我们应该尊重彼此的隐私。

体贴。当我们播放音乐时，应当体贴他人，注意控制音量。在家里应该小声说话。

责任感。我们通过及时完成自己分内的家务，来共同分担家庭的责任。

4. 制定具体而恰当的惩罚措施（做到罪责相当）。

在制定基本规则的同时，你也需要针对违反基本规则的情况，制定相应的惩罚措施。这些惩罚措施应当在规则实施之前就制定好，以免在孩子违反规则时，你因怒不可遏而做出过头的决定。你不需要把惩罚措施都张贴出来，但是在就家庭基本规则进行交流时，你要确保每一位家庭成员都准确理解了这些措施。

惩罚不当的例子：

"如果你再打别的孩子，你就会被禁足一个星期。"

惩罚得当的例子：

"如果你忘记要与人和平相处，并打了别的孩子，就得立刻停止玩耍，自己去一边冷静冷静。"

惩罚不当的例子：

"如果你跑到街上去了，你就要挨揍。"

惩罚得当的例子：

"如果你是个守信的人，就可以在院子里玩儿。但如果你离开院子的话，在接下来的半个小时，你就不能再去院子里玩了。"

5. 惩罚措施要有教育意义且有利于孩子成长，而不应该是体罚性的或报应性的。

制定基于美德的规则，是为了唤醒孩子的美德。这是恢复性正义的一种形式，而不是报应性正义。在报应性正义中，问题往往是"犯了什么错？""谁做的？""他们该受到何种惩罚？"以及"谁受伤了？"（包括犯错的人在内）等惩罚措施不是为了让孩子感觉糟糕，而是为了让他们找回失去的美德，这往往是公正的。这正是给一个伤害过他人的孩子提供补偿的机会，让他能够想办法对那些因他的行为而受到伤害或感到不安的人进行弥补。父母一定要以尊重的态度让孩子这样做，不要强迫孩子道歉，而要用简短的、创造性的头脑风暴形式，鼓励孩子自己去思考怎样做才能够弥补他所犯下的错。例如，一个好斗的孩子可能会想为他曾伤害过的人做些善意的举动。

若孩子违反了家庭基本规则，对他们的惩罚也必须体现出公正性。例如，惩罚时间的长短应根据孩子年龄的大小而有所变化。一般应这样衡量最佳的反思时间，即孩子几岁，就相应地反思几分钟。类似的公正原则也适用于迟到，比如，若一个十几岁的孩子迟到了2小时，那么就可以要求他下次早到2小时；如果一个9岁的男孩吃晚饭时晚到了10分钟，那么就可以要求他第二天晚上提前10分钟回家，以帮助他记住守信的美德。

6. 始终如一。

假设孩子违反规则是因为他们想试探底线、或是忘记遵守规则或者仅仅是因为心情不佳。不论违反规则的原因是什么，规则一旦制定了就必须要求孩子承担相应的后果，而不是凭父母一时的兴致。这不是仁慈的时候，而是正义的时刻，只有执行了规则，孩子才会明白，你是个言出必行的人，家里的基本规则也绝对不是说说而已。当他们知道这些规则必须要遵守时，就会在心中树立起权威意识，认识到规则是非常重要的，是必须执行的。

有一个名叫汤姆的8岁男孩，在他的家里有这样一条基本规则：由于在学校已经坐了一整天，因此他每天放学回家后，都要先出去玩一会儿，而不是一回家就看电视。一天晚上，另外一个孩子的妈妈给汤姆的妈妈打来电话称赞汤姆，她说放学后汤姆到她家里玩，当她的孩子打开电视时，汤姆说："我要去外面玩一会儿，你随时可以加入。我们家的规则是晚饭后才能看电视。"（参见附录 A 讨论练习7：始终如一的力量。）

7. 清楚地表述家庭规则。

把规则写下来，贴在冰箱上或孩子能看到的某个地方。使用幽默的插图有助于增强效果，特别是对年幼的孩子和青少年而言。和孩子探讨这些规则，确保他们理解违反任何基本规则的后果。让孩子制作一个基本规则图表，他们的插图可能比你的插图更引人注目。

8. 当孩子受到惩罚时，确保他们知晓自己受罚的原因。

一旦孩子受到了惩罚，你要立刻让他们进行反省。问问孩子："你知道自己为什么受到惩罚吗？"以及"你现在能做到跟别的小朋友和平相处了吗？"用温暖和信任鼓励他们不断进步。如果孩子非常生气或受伤了，那么此时并不是告诉他们为什么不应该那么做的恰当时机，相反，此刻你应该倾听他们的感受。

我们在世界各地的学校做"美德培养"的咨询时，我们通常会建议他们把教室里的"淘气椅"更换成"礼貌角"，前者至今仍在许多国家沿用，而实际上后者才能真正体现出孩子应当遵守的原则。在这样的环境下，孩子才能展现自己最佳的一面，而不会像坐在"淘气椅"上一样感到羞愧。"你现在能做到礼貌待人了吗？"是孩子受到惩罚后需要听到的第一句话。

9. 基本规则不能讨价还价。

父母作为家庭的领导者，有权利和义务来决定什么问题是可以商量的，而什么是不能讨价还价的。在制定基本规则时，你要确保这条规则是可行的，而且是没有任何商量余地的。可以商量和改变的基本规则并不是真正的界限。

商量的时机应放在规则制定之前。在家庭基本规则的制定过程中，你尤其需要征求年纪稍大些的孩子的意见，吸纳他们的反馈，这样他们才能够全心全意地接受并执行这些规则。

孩子天生具有强烈的正义感。如果你向他们咨询违反规则后应该给予何种惩罚措施，他们往往会给出比你更为严苛的答案。因此，只有当你严格遵照规则执行惩罚措施，你的家庭里才能建立起高度的信任。

10. 灵活，适时修正规则。

有时候，随着孩子的成长，或是家庭环境的改变，例如搬到了新的地方，孩子开始上学，大点儿的孩子开始开车或是原本在家工作的父母现在需要外出工作等，你都需要制定新的家庭规则来替代原来的。这是让全家人都参与商议制定何种家庭规则的绝佳时机，大家可以共同探讨什么样的家庭规则可以维护家庭的团结，促使大家公平地承担责任，确保每个家庭成员的安全。

除了制定家庭基本规则之外，还有很多方法可以用于设定清晰的界限。（参见附录 A 讨论练习 8：家庭基本规则会带来怎样的改变？）

● 在一定范围内给予孩子选择权

当孩子（或是大人）拥有选择权时，我们就需要在家庭基本规则以外设定清晰明确的界限。当孩子还年幼时，他们中的大多数都需要在设定的范围内进行选择。例如，他们无法自己选择去哪里玩，因为这里存在安全问题。如果让他们自由选择的话，他们可能会和家人走散、迷路，甚至可能陷入危险中。他们必须在一定范围内自主选择，例如"你想在后面的院子还是前面的院子里玩？"或者"我做饭的时候，你是想坐在你的儿童座椅上玩，还是在卧室的游戏围栏里玩？"去问一个2岁的孩子早饭想吃什么显然是不明智的，他可能会说："嗯……让我想想……吃果冻、喝柠檬水吧？"但是如果能在一定范围内让他进行选择的话，对于培养他刚刚形成的识别能力是很有帮助的。你可以问："今天早上你想喝粥还是想吃鸡蛋？"如果径直问孩子："你现在想去睡觉吗？"这也是很愚蠢的。你可以换个方式问："到睡觉的时间了，你是想听我们昨天讲过的故事呢，还是想听一个新故事？"

如果我们无法在一定范围内给予孩子选择权，而是让孩子自由选择，那么很可能会导致我们和孩子陷入权力斗争中，而在这场斗争中，孩子可能比我们的胜算更大。他们似乎更有韧性，而且他们还会使用一种非常独特的逻辑体系。"我就是要这样，所以肯定有办法让我这样。"最糟糕的是，如果让他们纠正自己的行为，他们采取的立场往往是"我就是要这样"。所以，最好不要做这样的尝试。反之，如果给孩子设定了范围，范围的力量恰好可以阻止他们的任性举动。

查克是个令人印象深刻的孩子，我们第一次见到他，是在他父母举办的一次小型家庭聚会上。他当时坐在餐厅的大椅子上，双手紧紧抓着椅子的扶手，4岁的小身板兴奋地坐在大椅子中间。他的妈妈和他的对话如下。

妈妈：（用轻快的声音说）查克，我们晚宴的客人到了。你能不能从大椅子上下来，坐到你的高脚椅上去？（开头不错，但接下来并没有保持住。）

查克：不要。

妈妈：（用请求的口吻说）如果你不换座位的话，我们的客人就没有地方坐了。

查克：啊哈。

妈妈：（格外温柔地说）查克，你坐到自己的高脚椅上不是更舒服吗？而且这样你就能看到所有人了。

（*查克依然不为所动。*）

如果父母给孩子过多选择的权力或余地，但却没能为其设定界限，孩子便总能在这场意志的较量中"获胜"。然而，对孩子来说，这实际上是一种失败，是一种安全感的缺失。像查克这样被赋予过多权力的孩子，晚上睡觉时常常会做噩梦、尿床，还会出现其他焦虑的情况。当孩子被赋予的权力超过父母时，他们会失去安全感和信任感。如果查克能够清楚地传达他的感受和想法，那么他也许会说："如果我的权力大于那些照顾我的成年人的话，那么我周围还有人能保护我吗？"

如果查克的妈妈设定了清晰的、以美德为基础的界限，并且在一定范围内给予查克选择权的话，餐厅大概就是以下截然不同的情景。

妈妈：查克，客人到了，现在你该回到自己的椅子上去了。

查克：不要。

妈妈：（把他抱起来，放到高脚椅上）你可以做到有礼貌的，对吗？如果P. 阿姨坐到你的高脚椅上不是太好笑了吗？

查克很可能会被逗得哈哈大笑，但同时也知道妈妈是认真的。如果他继续选择叛逆或抗争的话，妈妈可以继续给他划定范围，并让他在范围内自己做出选择。

查克：不，我不要。我想坐大椅子。

妈妈：查克，你现在可以做个选择。要么选择乖乖地、有礼貌地跟我们大家一起吃饭，要么去你自己的房间里吃。

还有一种更加灵活的、更具创造性的方式，就是干脆让他坐"大椅子"。如果家里有足够多的椅子，你可以选择这么做，但如果你已经要求他坐回自己的高脚椅，就不要改变主意。如果你决定让他坐大椅子，你可以同时提醒查克践行礼貌待人的美德："如果你今天晚上能对P. 阿姨有礼貌，并且能帮爸爸再拿一把椅子过来的话，你就可以坐大椅子。"（参见附录A讨论练习9：在一定范围内给予孩子选择权。）

◉ 在美德被破坏时设定界限

如果你和家人的关系（无论是孩子还是大人）中有破坏公正、尊重他人或其他美德的行为发生，那么就需要设定明确的界限。如果有人在说话时带有挖苦或羞辱的意味，你可以采取一定的应对措施。对他说："如果你说话时能尊重别人，那么我就会听你讲。"或者"除非你说话时能尊重别人，否则我不愿意听你讲。"说完立即转身离开。过一会儿再回来问他："你现在愿意好好说话了吗？"如果你正在和孩子玩游戏，而他开始胡闹，你没心情理会他的胡闹，那么你就可以对他说："你平静下来，我才愿意继续跟你玩。"过了一会儿，如果孩子又开始胡闹，你就起身去做别的事情。如果他求你回去跟他玩，你可以言简意赅地跟他说："也许明天可以吧。"这并不是要你和孩子进行权力斗争或者要你操控孩子。设定界限，然后用你的行为来说话。做比说强，更何况，孩子90%的学习都来自观察。

◉ 设定界限，以帮助孩子应对新情况

另一个设定清晰界限的时机，是出现新情况的时候。仔细思考一下，什么样的界限能让事情进展顺利。如果你带孩子去参加一个会议，会议上他必须保持安静，那么你就要提前告诉他，他需要格外自律，需要安安静静地坐着。问问什么可以帮助他做到这一点。他可能会想带些纸笔，这样他就可以安静地画画了。同时，你还需要告知他，如果他有越界的行为，会受到怎样的惩罚。记住，这些措施并不是为了惩罚而惩罚。事情可以非常简单，你可以对他说："规则是整个会议期间你都得保持安静。我们必须有礼貌。我们一起看看你能保持自律多长时间吧。如果你觉得自己实在坐不住了，就小声告诉我，我会带你去大厅休息一会儿。"

一位母亲讲述了发生在她3岁女儿身上的关于设定界限的感人故事。正是由于她们设定了清晰的界限，她女儿才被许可参加外祖父的葬礼。这位妈妈认为，对詹妮弗而言，这是个和外祖父好好道别的机会，但她又有些担心，因为詹妮弗是一个特别好动的孩子，集中注意力的时间很短。于是，她事先和詹妮弗进行了一次交谈。"詹妮弗，如果你要参加外祖父的葬礼，就需要非常有耐心，你必须得安安静静地坐在那里，这非常非常重要，因为人们需要感受到肃穆的氛围。你认为自己能做到吗？""可以的，妈妈，我想参加。我会非常非常有耐心的。"葬礼当天，妈妈说："詹妮弗，我相信你会非常非常有耐心的。如果你感觉自己有点儿待不住了，你就用力捏我的手，我们可以一起去外面走走。"结果令詹妮弗的妈妈非常意外。詹妮弗整场葬礼期间都安静地坐在那里，她比以往任何时候都有耐心。当詹妮弗走向外祖父遗体的时候，她的眼里闪烁着泪光。她拉着妈妈的手小声地说："抱一抱。"于是，她的妈妈把她抱了起来。她把一朵玫瑰放在了外祖父的胸前。这是一场多么令人动容的精神胜利啊！尤其是对一个被诊断为有多动症的孩子来说！（参见附录A讨论练习9：在一定范围内给予孩子选择权。）

● 制定规则的 4 条原则

当你制定家庭基本规则时，以下4条简单的原则能够作为指导，并帮助你设定清晰的界限，而不是引发冲突。

1. 把自由与责任相联系。

孩子的责任心越强，他们可以享受的自由就越多。孩子越守信，父母就越信任他们。如果一个16岁的孩子在周末严格遵守了午夜宵禁的家庭规则，你可以告诉他："乔西，你很好地执行了宵禁的规则，而且你很守信用，每次说要把车还回来都做到了。你之前一直问可不可以和朋友们一起去露营，你还想去吗？我认为可以哦。"

2. 如果涉及安全问题，孩子只能服从。

基本规则的美妙之处在于，它们可以避免父母对孩子大吼大叫。如果孩子听到你在吼叫，他就会认为这是危险的信号。如果一个孩子走在马路上，这时迎面开过来一辆汽车，那么他听从父母要求他停下来的命令就至关重要。如果直接的命令只在关键时刻才下达，那么这些命令才对孩子具有影响力。如果父母总是对孩子大喊大叫，最危险的后果就是，孩子在关键时刻可能会对父母的命令充耳不闻。当权力被滥用或误用时，孩子便会对其产生免疫。消极的放任型父母也会造成同样的后果，因为他们的话很可能会被孩子忽视。孩子本能地会对父母说话声调的变化有所反应。然而，如果父母管得太多或太少，他们就会开始变得"麻木"。

3. 阻止权力斗争。

在一个争吵不断的家庭中，任何人都无法从中获益。避免锱铢必较，不要总是说教、唠叨和反复提醒。应当制定好家庭的基本规则，并落实惩罚措施。如果需要某种秩序，就立刻建立起来，然后让孩子重复一遍以确保他能准确地理解。简明指出这种秩序里所涉及的美德，如果他违反了秩序，你就可以对他进行惩罚，让行动来替你说话。然后，你需要再次向孩子指明所涉及的美德。

制定家庭基本规则是防止家庭中出现权力斗争的好办法，因为规则是清晰而明确的。孩子可以选择遵守或不遵守规则，如果他们选择不遵守规则，就要按照事先的规定承担相应的后果。当他们遵守规则时，父母应该对他们的忠诚、服从或责任感等美德予以肯定。不论孩子是有意还是无意地做出了错误的决定，坚持用一贯的惩罚措施能让他们明白有因必有果的道理，并教会他们为自己的选择负责。这样，孩子每次"忘记"做家务时，就没有必要与父母进行意志的较量，父母也没有必要去恳求、说教或是唠叨，因为一切都可以按照惩罚措施来执行。例如，如果一个孩子总是忘记他应该做的家务，那么可以惩罚他做双倍的家务，或是在某件事情的自由度上做出调整，以他是否能负责地做完那项家务为衡量标准。（参见附录 A 讨论练习10：这些情况有什么问题？）

4. 对努力和进步予以肯定。

鼓励孩子某种品格发展的关键，是在孩子进步时予以积极的回应。你的肯定不需要夸大其词，而应该实事求是。当我们付出努力时，往往同时也承担了一定的风险，此时是我们最需要鼓励的时刻。

一个孩子能成为什么样的人，完全依赖于他所接受的教育、所面对的机遇以及所付出的努力，而教育孩子最有效的方式，就是当你看到他努力时对他予以肯定。意志力是孩子精神成长的最佳工具之一。不管什么时候，只要你看到孩子的努力，尤其是当他们需要严格自律或极具耐心才能践行某种美德时，你就应该为他们鼓掌欢呼。

当你肯定孩子的美德时，你可以用尊重、欣慰的口吻来表达，比如"我注意到你最近和弟弟能够和平相处，你成功地做到了自律"，然后给他一个拥抱，或拍拍他的肩膀，这有助于让他再接再厉。当肯定与家庭基本规则相关联时，孩子便能明确地知道，怎样才能做个"好孩子"。

◆父母作为引导者

策略 4：尊重心灵

● 将你的技能传授给孩子

父母引导孩子的方式有许多种，其中一种就是将自己的知识、智慧和技能传授给孩子。腾出时间陪孩子参加有意义的活动，温和地引导他们学习需要掌握的技能。让孩子站在椅子上和你一起做饭，或是在你工作时也给孩子安排一项简单的工作，这些都是非常珍贵的亲子时光。美德语言也可以融入这些经历中。"玛丽，你今天表现出了很大的决心。你从来没有用过扳手，但是我教你怎么用以后，你就反复尝试，现在你已经会用了。"当你给予孩子探索自身天赋和才能的自由时，你便是在尊重他们的心灵——他们的创造力、决心以及卓越的美德。（参见附录 A 讨论练习12：自信心培养史。）

● 分享你的家庭故事

分享家庭和自己的故事，能唤醒孩子对意义的认识。如果孩子了解到对家庭尤为特别的美德，比如外祖父的勇气或是外祖母的幽默感，他们便能体会到家庭的荣誉感。在孩子年幼的时候，父母要注意倾听并引导孩子讲述自己的故事，这非常重要。以尊重的态度静静地聆听他们讲述自己的梦境和故事，这实际上是对孩子精神意识成长的极大鼓励，也是对他们作为有价值的人的一种尊重。家人聚在一起吃晚餐是彼此分享当天经历的绝佳时机。如果能够指出其中涉及哪些美德，这实际上是对教育时机更加充分的运用。（参见附录 A 讨论练习11：家庭美德史。）

◉ 把尊重融入家庭常规中

美德为有目标、有尊严的生活提供了一种参考框架和标准。本书通过唤醒孩子和大人的神圣感，来帮助他们寻找生命的意义所在。我们需要把尊重融入家庭常规中。我们需要安静的时候，也需要时间去反思。父母根据自己的需要来设定反思时间的长短，实际上是在为孩子树立榜样，让他们知道自己也有权利这样做。

家庭成员在一个特别的时间聚在一起体会尊重，这是非常有影响力的。建立分享圈就是家庭成员共同体会尊重的方式之一。阅读从经典中摘选的美德章节或引文，或是阅读一些有启发性的文字，接下来安排5~10分钟的静默时间，让大家沉思。然后让每个人分享他们从阅读和沉思中受到了什么启发，其他人不要随意插话或窃窃私语。在一个人分享完之后，其他家庭成员应根据自己的观察，对发言者的美德予以肯定，然后听下一个人的分享。

有这样一个家庭，他们有一块特别的布，这块布的边缘绣着每个家庭成员的名字。每当家庭聚会时，他们就会把这块布摊在地板上，然后坐在自己的名字旁，并摆上对自己而言很有意义的物品。这些物品可以是他们正在阅读的一本书，可以是一个特别的玩具，也可以是他们在外面发现的一些特别的物品。然后，大家轮流分享，其他家庭成员则根据他们看到分享者具备的美德对其予以肯定。

家庭成员还可以进行"美德抽签"——随意翻到本书中的某个美德，也可以从自制的"美德提醒"卡片中任意抽取一张，这些卡片上有关于相应美德的简要描述。选好后，每个人都要说出自己抽到的美德是什么，并与其他人分享当天发生的事情或当天的感受，然后说说此时这个美德对自己而言意味着什么，对大家而言又有何帮助。在分享的过程中，其他家庭成员要安静地聆听，在分享者讲完以后，他们要对分享者的美德予以肯定。

● 用特别的仪式来纪念特别的时间

孩子是天生的神秘主义者。他们对于典礼和个人仪式的重视程度，和成年人相比可谓有过之而无不及。我们有必要用仪式来庆祝特别的事或时刻。在有些文化中，如果一个女孩月经初潮，家人就会让她穿上长辈留下来的一条特别的裙子，或戴上一件特别的首饰。你可以带女儿出去吃饭，或送她一条特地为这一时刻准备的项链，让她知道这是非常有意义的特殊时刻，因为从此刻开始，她便从女孩成长为女人了。带青春期的孩子去一个风景优美的地方，允许他独自在外度过一夜，去好好思考自己的人生目标和愿景，这可以体现出他从儿童时期向成年时期转变的特殊性。在孩子上学的第一天，为他举行特别的仪式，给他穿上你精心准备的衣服或带上特别的文具，然后告诉他："这很重要，你也很重要。"

◆父母作为向导

策略 5：提供精神陪伴

作为向导是父母职责的一个重要组成部分。好像每天都有孩子跑来，他们不是膝盖蹭破了就是感情受伤了。作为精神向导，父母需要做的不仅仅是陪伴，还要在孩子面对道德困境时予以支持，帮助他们让他们自己去寻找解决办法，而不是替他们完成精神功课。以美德为基础的向导角色是令人尊敬的，他们会尊重孩子在美德框架中寻找真实自我的能力。

同情心、同理心和陪伴，三者有着很大的区别。同情心就是你为某人感到难过，同理心是指你能感受到他人的情感，而陪伴则是你以同情和超脱之心与人交流，如此你才能很快与他人建立起良好的关系，同时又不会将他人的感受视为自己的责任,见证他人的情感,同时不急于修正他人的情感,这对任何倾诉者来说都是一种馈赠,对我们亲近的人更是如此。道格拉斯·斯蒂恩(Douglas Steen)曾说过:"'倾听'别人内心的声音,让对方可以毫无保留地倾诉,这也许是人类之间所能给予彼此的最大帮助。"

● 如何处理情感?

成为孩子精神伴侣最简单的方式就是陪伴在孩子身边,尤其是当他正在经历某种强烈的情感时。无论孩子正在经历的是悲伤、愤怒、开心还是害怕,如果父母能以尊重的、关爱的、真诚的态度陪伴在孩子身边,那么这对孩子而言是非常大的帮助。此时并不是带入个人感情或处理孩子情感的时候。如果孩子摔倒后立刻站了起来,你不需要问他:"你膝盖受伤了吗?"如果他深吸了一口气并开始哭叫,这时你就要用超脱和同情的心态来拥抱他,听他诉说,并给他一些安慰。真正的安慰可以通过简单的肯定来实现,例如:"哎呀,你真的摔疼了""你刚刚真的摔了一大跤"或"你的膝盖真的摔得不轻"等。不要试图转移话题或施以援手,比如"我们只要拿点儿冰块敷在膝盖上,这样你就能感觉好多了",也不要试图看轻事实:"别哭了,只是一点儿擦伤而已,没什么大不了的。"不要鼓励孩子无视自己的感受。你可以把冰块拿给孩子,但与此同时,你还要尊重孩子的经历和感受。

在孩子的生活中扮演教育者和权威的角色,并不意味着你可以不尊重孩子的感受。唤醒孩子内在的美德并不意味着以美德的名义来压抑孩子的情感。长期以来,我们习惯于只看到孩子就好,并不愿意去倾听孩子的感受。这种观念应该改变,每个人,尤其是孩子,都应该被看见、被倾听并且被认真对待。父母可以通过倾听孩子的感受来表达对孩子经历的认同,这对于培养孩子的自尊心至关重要。这也是父母向孩子示范什么是同情、礼貌待人和尊重他人的有力方式。

如果孩子从父母那里得到了这样的尊重，那么他们就可以像成年人那样如实地承认自己的感受，以同情之心接受这些情感，并以超脱之心选择应对之道。而父母以超脱、同情之心来聆听，实际上是在为孩子情感和精神的健康奠定基础。

在某些情况下，比如孩子刚出现过过激行为，就不适合让他再继续发泄自己的情绪。父母此时恰当的反应应该是阻止孩子当下的行为，并予以相应的惩罚。在做出惩罚以后，通常是倾听孩子感受的好时机。例如，在孩子为自己的过激行为反思了一段时间之后，你可以让孩子谈谈自己的愤怒。以下这段对话发生在一个有明确界限的家庭中，在这个家庭中，愤怒需要通过语言而不是暴力来表达。

家长：你知道自己为什么受到惩罚吗？

孩子：因为我打了鲁比。

家长：你现在可以和平地玩耍了吗？

孩子：嗯。

家长：你想谈谈刚刚发生的事吗？

孩子：我只是很烦罢了。

家长：你在烦什么呢？

孩子：鲁比真的让我很生气。

家长：怎么了？

孩子：他抢我的东西，他老是这样。

家长：他抢你的东西，这真的挺讨厌的，而且很不尊重人。

孩子：（深吸一口气）是的。

家长：当鲁比抢你的东西时，你感到很生气。那么，你怎样才能坚定地告诉他你的感受呢？你可以采取哪种平和的方式表达自己的情绪呢？

孩子：我可以告诉他，如果他再这么做，他就必须得回家。可以吗，妈妈？

家长：嗯，这听起来是个很明确的界限。非常坚定。

孩子：好的，妈妈，我现在要去玩了。再见。

此时并不是说教的时候。对一个已经接受过惩罚的孩子而言，说教不仅无用而且令人感到厌烦。问问孩子从这件事情中学到了什么，这是利用教育时机的更为有效的方式。接下来就是在孩子愿意交谈的时候，在你有时间和精力的时候，倾听孩子的感受，这样做非常有效。如果家长能再提出一些可以帮助孩子反思他们本该运用的美德的问题，就能强化孩子刚刚萌发的道德感。

● 帮助孩子做选择

孩子最重要的精神活动之一，是开始有进行道德选择的能力。精神陪伴是一种艺术，也是一种技巧，它能够帮助孩子发现自己的智慧并具有洞察力。这与大多数慈爱的父母在孩子遇到问题时的处理方式截然不同。当孩子遇到麻烦或者与别人起冲突时，一对称职的父母通常会怎么做呢？他们也许会倾听一会儿，接着当然是要与孩子分享自己的经验和智慧。这其实剥夺了孩子探索自己的智慧的权利，而且也令父母失去了一个教育孩子如何处理道德困境的重要时机。

更有效的方式是，体会孩子的感受，用心倾听，真诚陪伴，问一些能够帮助孩子理清思路并得出结论的问题来表达对孩子的关心。陪伴能够让孩子充分发掘自己的能力。

当孩子或任何年龄段的人正在处理一些具有重大意义的事情时，给他们出主意或出手援助，实际上都是在贬低他们，某种程度上也是对他们精神的侵犯。我们都被这样侵犯过，而且这会在我们身上留下些许羞耻之感，仿佛有人一直在旁边说："你很没用，是我帮了你。我知道，而你不知道。"孩子实际上非常聪明，他们有能力去解决自己的问题，但前提是父母能够用同情和超脱之心聆听孩子的倾诉，并能提一些可以帮助他们理清思路的问题，首先让他们弄清楚自己的感受，然后帮助他们理清在问题的处理过程中可以运用哪些美德。

父母越是给孩子"聪明的建议"，孩子就越会失去兴趣，尤其在青春期时，他们会非常敏感脆弱，而且在这一时期他们的道德选择至关重要。

有一个14岁的女孩曾独自哭泣了很多天，然后她鼓起勇气告诉爸爸她烦恼的原因。她对爸爸说："爸爸，我不知道怎么办。和其他孩子在一起的时候，我很害羞，觉得很难为情。我该怎么办？"她的爸爸并没有去认同她这些痛苦的感受，而是想了想说："那就不要再觉得难为情就好了。"她听了以后便掉头走开了，她感觉非常羞愧和无助，从那以后她再也没有主动向爸爸寻求过帮助。她的爸爸已经把那扇门关上了。

以下7个方面有时可以作为精神陪伴过程中可以采取的步骤，有时也可以作为精神陪伴时可以采取的态度。"精神陪伴"最重要的一点就是要陪伴在孩子身边。这是打开一个空间让人展现自己真实内心的一种非常亲密的方式，同时也是最尊重对方的方式。（参见附录 A 讨论练习13：给予孩子精神陪伴。）

1. 打开心房。

当孩子打开心房时，正如上述事例中女孩主动找父亲谈话那样，父母要做的是提出一些能让孩子吐露心声的问题，来保证孩子内心的大门依然敞开。她的父亲本来可以问："你的感受是怎样的？"然后让她继续倾诉和哭泣。有时候，你可以看出一个孩子很伤心或需要倾诉，此时你应该主动提出和他谈谈。你需要找到一把能够打开孩子心房的钥匙。不要问一些已经有答案的问题，比如"你今天过得好吗？"更不要在他看起来很难过的时候，还明知故问："你今天过得不好吗？"一个能敲开别人心房的问题应该是这样的："你今天过得怎么样？"或者"事情进展得顺利吗？"一位父亲晚上见到自己的孩子时，他应该问："今天有什么新鲜事发生吗？"记住，要把自己的内心用同情和超脱包裹起来。同情能够让你对孩子的感受感同身受，而超脱能够防止你陷入孩子的情绪之中。关键之处在于，不要过度也不要不足，而要恰到好处地做出回应。

2. 用沉默表示接纳。

表示接纳的沉默能够为他人提供充分的倾诉空间,让他们能告诉你全部的故事而不被打断。当你倾听的对象开始吐露心声时,你需要保持沉默,用尊敬、超脱和同情的心态给予最具接纳性的沉默。在他讲述时,你要心平气和、全神贯注地倾听,并对他充分信任。你如果没有一个明确的目的,那么深度的倾听是难以实现的。你的目的是给予他支持,而不是伸手援助、令其分心或给出建议。如果你把自己的孩子(或任何正在向你倾诉的人)视为一个精神强大的、有能力的人,你就会乐于在其经历精神考验时陪伴他。来自加拿大北部的一名原住民女性为精神陪伴取了一个昵称,她说:"我没有办法记住你们说的名字,但是这对我和我的孩子来说很有帮助。我想称之为'同行'。"

你应该沉默多长时间呢?一位年轻的马耳他牧师曾说:"当你认为自己已经沉默得够久了,那么请再沉默一会儿。"有时候,在分享后的沉默中,内心深处的真实感受才会显露出来。

3. 提出能让人敞开心扉的问题。

如果想让一个人能说出他的真实感受,就要问一些能让他敞开心扉的问题,这些问题必须是开放式的,而且能够表现出提问者发自内心的关心。使用"是什么""怎么样"和"什么时候"来提问,而不是用"谁"来提问,更不要用"为什么"。这样做的原因是,当你问别人"你为什么感到难过?"时,这听上去可能像是在审问对方,或是要求对方立刻回答。我们很擅长要求孩子对自己的行为进行评估:"你为什么要打弟弟?"我们在期待什么样的回答呢,难道是关于手足之争的理论吗?而当我们问有关"谁"的问题时,比如"事情发生的时候你在和谁玩?"这实际上是在进行信息搜集,我们要以此来进行某种判断。在陪伴孩子的过程中,你不需要知道事情的细节。你只需陪在孩子身边,倾听他诉说即可。

有效的敞开心扉式的问题可以非常宽泛,也可以只是针对孩子表达出的感受来提问。让孩子倾吐自己的想法，等待提问的时机。以下是一些能让孩子吐露心声的提问的例子：

孩子：我再也不要上那所蠢学校了。

家长：哦？

孩子：我讨厌学校，我再也不要回学校了。

家长：你讨厌学校的什么呢？

孩子：老师很刻薄，她不喜欢我。

家长：她怎么对你刻薄的呢？/ 她的哪些行为让你觉得她不喜欢你呢？

孩子：她总是冲我大吼大叫。

家长：你是什么感受呢？

孩子：我觉得非常难堪。我所有的朋友都看着呢。

在陪孩子共同解决问题之前，你应该让他详细描述自己的经历，让他有机会倾吐自己的想法。有时候这可能是你唯一需要做的事情。父母很容易忽视孩子宝贵的情感或精神处理过程，他们会去联系自己的感受，并选择如何依据自己的感受来做出选择。我们常常会把麻烦最小化："你知道的，你的老师其实很喜欢你。"我们会说教："你没有选择。你必须得去学校。难道你以后不想找个好工作吗？"我们也会伸手援助："你想让我跟你的老师谈谈吗？"但是，这些都无法为孩子提供一个让他自己发现解决之道的机会，亦无法让他深入探寻自己的美德。

敞开心扉式的问题可以是具有针对性的。当孩子说出自己的某种感受时，让他敞开心扉的最有效的方式就是问一些更具针对性的问题，比如"对你来说最困难的环节是什么？"或者"当老师冲你吼叫的时候，什么让你感到最难堪？"如果孩子看上去很担心，可以问他："你最担心什么？"或者如果当孩子说了类似"我不知道怎么办？"的话时，问问他："是什么让你感到困惑呢？"孩子通常会说："我也不知道。"那么，试试这样问："你不知道什么呢？"

类似"当……的时候，对你来说意味着什么？"这样的问题能够帮助对方理解他所处的情境，让其有能力去把控自己的情绪并做出选择。

4. 关注感觉信号。

当有人正在和你分享一些事情时，如果你眼前出现了某个画面，或其他与某种感官相关的东西，你对此要尤为关注。身体的感知是通往内心世界的道路。专注于孩子看到、听到和感觉到的东西。例如，如果孩子向你描述了一个可怕的噩梦，梦里有个青面獠牙的怪物，此时你不要用毫无作用的话来安慰他，比如"你很安全，根本就没有怪物"，而是应该针对他所说的内容做出明确的回应："哎呀，还是一个长着尖牙的怪物！"或者你可以问他："那个怪物的牙是什么样的？"这时孩子就会放松下来，释放恐惧或其他相关的情绪。当孩子遇到一些需要鼓起勇气去面对的事情时，他们自然而然会感到害怕。此时是陪伴孩子的大好时机。

孩子：我的胃里打了个结。我今天很害怕上台。

家长：这个结是什么样的？

孩子：在这里呢（用手摸着自己的腹部）。

家长：（用同情和超脱的好奇心看着孩子所指的地方——不要皱眉头，也不要急着给孩子找胃药）这个结有多大呢？

孩子：这个结占据了我整个胃，现在已经蹿到脖子这里了。

家长：哎呀，一个大疙瘩已经一路蹿上来了。

如果孩子此时对这个话题失去了兴趣（他很可能会这样），那么他在某种程度上已经吐露了心声，家长便可以这样说："上台表演的确令人害怕，我很欣赏你的勇气。"

关注感觉信号的另一个重要时刻是当孩子受伤的时候。"你这里真的是又红又肿。"这也许真的可以缓解孩子的伤痛。

体会倾诉者的感受，使用倾诉者所使用的关键词作为回应，或者关注倾诉者知觉上、身体上的信号。这就如同舞蹈一样，一开始领舞的肯定是倾诉者。无论是对孩子还是对成年人而言，精神陪伴的目的就是倾听，给予他们机会，让他们能够听到自己内心的真实想法。

5. 提出可以促进美德反思的问题。

当一个人倾诉完之后，留出一些时间让他安静一会儿。有一句关于咖啡的广告词是这么说的："最后一滴也是美味。"有时候，这最后一滴是凝结着真理之光的一滴。当一个人进入自己内心最深处时，他才能找到真理所在。你要给倾诉者一个聆听自己的声音和想法的机会。此时，你作为倾听者可以开始更多地掌握主动权，但这并不意味着要由你来主导故事的结局，你要做的就是引导倾诉者思考，哪些美德能够帮助他采取负责任的行为。你也许不会总是到达这个层面的精神陪伴，但是如果你能够察觉这其中涉及的美德，那么这对倾诉者来说是非常有帮助的。你的目的是提出问题，并且确保这些问题能够帮助倾诉者根据自己的感受来选择如何行动，帮助他基于自己的美德来做出道德选择。举例如下。

对于一个即将上台表演的孩子，可以说："上台表演确实让人很紧张。怎么样才能给你勇气呢？"

对于一个与老师相处不太融洽的孩子，可以说："你认为怎么样才能从老师那里得到一些公平和尊重呢？"

只有当孩子有机会对其中涉及的美德进行反思后，你才可以问："怎样才能帮助你和平解决与老师之间的矛盾呢？"或者"我要怎样才能帮助你呢？"

在一个道德困境中，比如一个孩子目睹了自己的朋友在商店里偷东西，他此时最不需要的就是你来插手处理这件事情。"我告诉你，你再也不能见这个朋友了。"不要告诉孩子该怎么做，或者问他想怎么做。在孩子完全吐露心声后，哪怕是说出了不知道该如何处理问题的困惑后，也不要急于打断他并给出你的道德选择。提出一个能令他对美德进行反思的问题，比如"你如何才能做到既对朋友忠诚，又诚实呢？""你认为怎么做才是正确的？"在以美德为基础的框架内让孩子做出选择，他们往往能够出人意料地给出令人满意的答案。

6. 提出结论性或综合性问题。

适时向孩子提问能够帮助你对某个教育时机进行总结，从而让孩子将这个有教育意义的时刻内化，并牢记于心。这样的提问有助于孩子将大脑和心灵联系起来，将想法与感受联系起来。以下是一些可以参考的提问方式：

"现在你觉得自己对问题更加清楚了吗？"

"在我们谈过之后，你对哪些问题更加清楚了？"

"你认为谈话对你有什么帮助？"

"你对于此次谈话最为满意的地方是哪里？"

当倾诉者已经把真实的感受表达出来，当你经历了一段相对长时间的倾听后，这些结论性和综合性的问题便可以被提出，但不一定要在你刚刚承认孩子膝盖上的红肿之后提出。当涉及道德问题或强烈的情感时，这些问题非常重要，它们能够帮助倾诉者得出结论，并将自己的所感所想联系起来。

值得注意的是，倾听者不要事先预设"正确"答案。孩子对成年人的操控格外敏感。如果父母提前设定好了答案，或者倾听者在陪伴过程中忽然有了很棒的想法，他们也必须用超脱的态度把这些答案或想法保留下来。作为孩子的精神陪伴者，父母需要给予孩子足够的信任。一旦他们感受到孩子用自己的方式解决问题的惊喜，他们就越能放心地让孩子再次尝试。

7. 提供美德肯定。

最后，以美德肯定来结束对话。当倾诉者对你完全敞开心扉时，你需要介入对其予以美德肯定，这一步非常重要，因为只有这样才能够重建对方的自尊心。"我看到了你的勇气。""能有你这样的朋友是件很幸运的事，因为你对朋友真的非常忠诚。""我很敬佩你的正义感，也非常感谢你对我的信任，因为你告诉了我你和老师之间发生的事情，而且你已经找老师解决了你们的问题，我认为你非常有勇气。"

你要格外注意的是，不要用美德给对方贴上标签。说下面这些话实际上是不合适的，比如"你很诚实""你真的很有勇气"或者"你是我认识的最诚实的人"。这样的肯定可能立刻会被推翻，因为对方可能认为自己并不是一直都这样诚实。最有力的美德肯定应该是非常具体的，并且与当下讨论的问题密切相关。只有真实的话语才能触及灵魂。

作为向导，父母在教育时机中，向教育者的角色又迈进了一步。你是孩子的导师和支持者，要引导他们成为自己的老师。当你做到精神陪伴的时候，你就会发现这真的是一门艺术，需要掌握很多技巧。最大的挑战来自能否学会放手。你会发现，学会放手可以运用在所有的人际关系中，包括婚姻、管理、友谊或亲子关系。父母若在孩子年幼时就尝试放手，这对孩子的精神成长和自尊心培养都是非常好的开端。

第三章

如何在家庭中使用本书?

◆把本书介绍给孩子

在我们的生活和家庭中，你可以以多种方式运用本书中的建议和策略。对有些人而言，使用美德语言就足以在家庭中营造出更为平和与友善的气氛。而对另一些人来说，他们可能更想采纳本书的建议，让家庭成员每周重点关注本书涵盖的美德中的一种。你可以从中找到符合个人兴趣和孩子年龄的最佳方式。以下建议旨在帮助你迈出第一步，你可以根据自己的情况随时调整。总之，你的热情才是你在家中进行美德培养的基础。

美德培养旨在促进孩子个人的成长，而不是用来改变孩子的行为的技巧。你为自己设立精神目标的意愿（比如在工作中培养自律的新习惯，或关心自己的健康等）能帮助孩子理解美德与真实的生活是息息相关的。当你和孩子进行分享的时候，非常重要的一点是，你要能做到真诚，因为只有这样，你才能成为孩子的榜样。

有关如何开始开展美德教育的建议

● 确立聚会的时间

邀请你的家人在某个特定的时刻相聚，告诉他们你将和他们分享一个家庭活动。提前告知大家，并确定一个大家都方便的时间。但是也不要透露太多信息，可以给大家留一些惊喜。

● 以朴素而庄重的形式开场

你可以点一根蜡烛，念一段文章，或是把本书放在一块漂亮的布上（下文还有其他建议）。

说一些简单的开场白，比如"很难得能有这样一个机会，让全家人可以聚在一起，希望每个人都能敞开心扉，分享彼此的感受。"

● 描述本书

用孩子能够理解的话简要地介绍一下这本书："我读了一本很棒的书。全世界很多国家的人都在使用这本书。你们知道为什么吗？因为它可以告诉我们，我们拥有哪些优点；它可以帮助我们时刻铭记，我们要成为最好的自己；它还可以教会我们使用美德语言。我很想和大家每周聚一次，每次一起学习书中的一种美德，并且通过相互帮助来培养这种美德。"

如果你的家庭中有年龄稍大一些的孩子，比如9~14岁的孩子，你可以换一种语气介绍。"我发现了一本很不错的书，全世界的人都在使用，它可以使家庭成员之间的关系变得更加紧密，并有助于家庭成员的个人成长。这本书就是《成绩决定孩子走多快，品格决定孩子走多远》。我提议我们在接下来的日子里，每周聚一次，每次我们都从书中选取一种美德各自践行，然后在周末的时候一起分享心得，相互支持。我认为这本书将有助于我们发掘自身的优点。我来给你们举个例子……"然后，你可以根据自己的观察，说出每位家庭成员身上的某种具体的美德，同时也请他们指出你拥有的某种美德。当然，他们也可以参考本书提到的51种美德。

例如："约翰，你向老师承认自己作业交迟了的时候，我认为你非常有勇气。玛丽亚，在你帮我找钥匙的时候，我觉得你非常体贴。"你要确保家里的成年人也能得到肯定，因为这不仅仅是成人为了肯定孩子需要做的。例如："奶奶，上周二我们比赛后回到家已经很晚了，但是您依然在等着跟我们一起吃晚餐，我认为您非常有耐心。"

◉ 为分享圈设定清晰的界限

当你和家人正在分享某种美德的践行情况时，你需要以基本规则的方式来设定一些界限，确保分享的独特性。方式之一就是为分享圈聚会设定时间要求。分享圈的界限也包括以下几类。

礼貌

我们希望别人怎么对待自己，就要用同样的方式对待别人。当某个人分享自己的美德践行情况时，其他人不要交头接耳，而要有礼貌地、安静地倾听。

尊重

我们要静静地倾听，认真地彼此陪伴，不要打断、批评或取笑任何人，也不要给他人提建议。

守信

我们会对每一个人分享的内容保密。除非经过分享者同意，否则在聚会后提起任何人分享过的任何内容都是不可取的做法。

你可以在第一次聚会时，花一些时间来制作一份"界限海报"，并让每个人都参与进来，比如给界限涂上颜色，或是从杂志上剪下适合某种界限的图片，或是以绘画的方式来说明界限的内容。

◉ 选择本周要培养的美德

此时，你要表现出尊重和团结的美德，请每个人说说他们想如何选择本周要培养的美德，他们可以从本书中的第一种美德开始，也可以挑选一种大家公认最需要培养的美德来培养。你可以给大家发放纸条，让大家以匿名投票的方式来做出决定。还可以采取更简单的方式，那就是从本书提及的第一种美德开始，然后按照顺序依次培养书中所提到的全部美德。

在选定美德后，你要认真阅读有关此美德的4页内容。然后拿出一张纸，写下"自我激励宣言"，并把它贴在所有人都能看到的地方。然后告诉大家，所有人都要在下周参加家庭聚会，分享你们自己践行该种美德的情况并说出你们看到其他人是如何践行该种美德的。

选择美德的另外一种方式是让大家进行"美德抽签"，请大家闭上眼睛，然后翻开本书，翻到哪个美德，那么接下来的一周他就要努力培养这种美德。

◉ 时间不宜太长

即使大家都很享受，聚会的时间也不要过长。可以提出一个结论性或综合性的问题，然后依次倾听每个人的回答。"参加这次聚会对你而言最大的收获是什么？"轮到你的时候，请务必说出你自己对这个问题的看法。然后以一个简单的仪式结束聚会，比如大家一起唱一首歌，然后一起吹灭蜡烛，并收拾好使用过的材料。

如何主持家庭美德聚会

在第一次聚会后，最好能确立一个固定的聚会形式，然后坚持下去，至少保持一段时间。以下是一些关于如何成功举办聚会的指导性意见。

● 平衡创造力与秩序

选出一个主席，确保界限清晰并得以实施。如果有人没能做到礼貌待人和尊重他人，必要的话可以让他先离开并反思一会儿。在短暂的离开之后，再把他邀请回来，并询问："你现在可以做到礼貌待人了吗？"

● 聚会流程样例

主席需要负责拟一个简单的流程，最后还要负责提出总结性和综合性的问题。以下是一个会议流程的样例：

①开始仪式；

②大家围坐成一个分享圈；

③玩美德游戏；

④选择本周要践行的美德；

⑤针对新的美德展开讨论或进行角色扮演；

⑥写下自我激励宣言并张贴出来；

⑦结束仪式。

● 保持积极的心态

举办聚会的本意就是让大家聚到一起，积极地分享内心世界的成长经历，放心地分享在践行美德的过程中取得的成功与遇到的挑战。想要顺利地开展聚会，就必须营造出一种有礼貌和信任的氛围。记得提醒大家不能超越界限，并以身作则。不要试图利用家庭美德聚会来解决家庭矛盾，否则孩子会把聚会看成让人感到尴尬而不是快乐的活动。

● 保持简单和庄重

在开始和结束的时候都要有一个简单而有意义的仪式。以下是一些家庭的做法：

　　＊购买或制作一支特殊的蜡烛，每次美德聚会的时候都点亮它；

　　＊在地板或矮桌上铺上一块漂亮的布或是毯子，然后把本书放在上面；

　　＊大家在地上围坐成一圈，中间放一些东西，比如一盆鲜花；

　　＊让家里的每位成员都带一件他们喜欢的东西，可以是最喜欢的泰迪熊、一本特别的书或一件捡到的宝贝（例如一块石头或是一片树叶），然后把它放在分享圈内，或摆在分享圈正中间的布上。

不要涉及其他的家庭事务，要保证聚会目的明确。

● 与分享圈共同践行尊重的美德

在分享圈中，至少要花一部分时间建立能够保证安全和信任的界限，让每个人轮流做倾听者，安静地倾听，而不交头接耳或打断他人。

维持分享圈界限的一种方式就是大家传递"发言棒"，或像一些原住民那样传递羽毛。只有拿着"发言棒"或羽毛的人才能讲话。

在分享圈中，大家轮流讲述自己在践行美德的过程中取得的成功。以下是一些大家分享的践行美德的例子。

妈妈（主席）：让我们开始分享吧，每个人都说说自己在践行美德的过程中的一个成功的事例。在践行美德的过程中，让你感觉最好的是什么？在我们每个人发言之后，其他人要对其进行美德肯定。那么，就从我开始吧。

这周我践行的美德是适度，我抽了一些时间，读了一本新书。我很高兴我能很好地照顾自己。现在, 你们能告诉我这周你们在我身上发现了哪些美德吗?
(然后, 其他人对他们所看到的妈妈的美德予以肯定。)

安娜(6岁): 我很友好。学校新转学来一个女孩, 午餐时我问她要不要坐
到我旁边和我一起吃饭。(随后是美德肯定环节。)

卡尔(9岁): 我的仓鼠没有死, 我真的很高兴、很感恩。

爸爸: 我这周有两天是骑自行车上班的。我感觉很棒, 因为我通过减少尾
气排放为保护地球贡献了力量。这是对地球的一种尊重。

如果所有人践行的是同一种美德, 那么此次的分享就要说说大家是如何践
行这种美德的, 然后根据各自的观察, 对其他人践行该美德的事例予以肯定。

◉ 发挥创造力、增强趣味性

践行美德很有趣! 在很多家庭和学校中, 孩子最喜欢的一项活动就是角色
扮演。让孩子根据本书中每种美德第三部分 "如果发生以下情况, 应如何……? "
的场景来进行角色扮演, 先是没有践行美德的情况, 然后是践行美德后的情况。
准备一个化妆箱, 在里面放上帽子或者其他需要穿戴的道具。父母也要和孩子
一样投入到角色扮演当中。

你也许想制作一块 "美德树" 毛毡板(详见附录 C), 并用它来进行角色扮
演或编故事。

很多游戏都能运用到美德培养中, 比如可以进行 "美德猜词", 大家不能说
话, 一个人只能用肢体语言来表达, 其他人则根据其肢体语言来猜测他正在表
达的是哪一种美德。如果猜中, 他就可以做下一个用肢体语言表达的人。

再比如, 还有个游戏叫作 "谁践行了这种美德? ", 它与抢椅子游戏非常类
似。把椅子围成一个圈, 让大家坐在椅子上, 除了主持人外, 每个人都应该有一
把椅子。主持人站着选择一种美德, 然后问: "谁今天践行了整洁的美德? " 每
个人都必须做到诚实, 如果他们践行了整洁的美德, 他们就要离开自己的座位,

另外找一把椅子坐下（不能坐回原来的椅子），而主持人此时也要加入进来，没有抢到椅子的那个人就成为新的主持人。他要先向大家讲述自己今天是如何践行这种美德的，然后再问谁践行了另外一种美德。玩这个游戏的时候，可以贴一张美德海报，这会让游戏进展得更顺利。

◉ 检阅本周选择的美德

此时，你该选择一种美德，然后阅读本书中的有关内容。你需要根据孩子的年龄来调整阅读内容的长短。

然后选择探讨这种美德的方式。可以是以下几种：

*在分享圈中，让每个人都说说自己践行这种美德的情况；

*说说你认识的某个人践行这种美德的事例，以及你是如何注意到的；

*在某个人发言后，其他人可以指出他们看到的发言人践行这种美德的情况。

◉ 结束仪式

有些家庭是这样做的：

*最后大家分享"此次聚会我最大的收获"；

*吹灭蜡烛；

*唱一首与美德有关的歌。

选择一首你熟悉的歌曲，然后把美德添加到歌词当中。例如"爱就像是魔法硬币，把它抓紧，你反而会一无所有。借出它、使用它、赠送它，它就会回到你的身边。"多唱几遍，用不同的美德来替换"爱"。

◉ 见机行事

在两次家庭美德聚会的间隔期，你要格外留意被培养的这种美德的教育时机，并在这些时刻巧妙地使用美德语言。尤其要关注家庭成员践行这种美德的时刻，并及时予以肯定。

如果有人忘记了要培养该种美德，那么就应抓住教育时机，用一个以美德为基础的方式提醒他。要见机行事，牢记3个词：肯定、纠正和感谢。在下面的事例中，孩子白天忘记了要践行尊重他人的美德。当你和他说晚安或给他盖被子的时候，你可以说："儿子，我想和你谈谈有关你尊重他人的事情。首先，你今天晚上做到了尊重，到了睡觉的时间你就自觉上床了。你尊重了有关睡觉时间的界限。但是白天你取笑了妹妹，还打了你的朋友，并且在晚饭前对我说话也很不客气，在这些时候你还需要在尊重他人上多下点儿工夫。不过，现在我想跟你说声谢谢，因为你正在用尊重的态度听我讲话。"这也许可以让孩子想讲讲到底哪里出了问题。如果孩子愿意说，那么你就陪着他。不要说教，不要唠叨，只要聆听即可。

儿子：一整天都要做到尊重太难了。我做不到。

家长：你认为难在哪里呢？

儿子：我就是不想这样。

家长：（不做评判，专心倾听，保持沉默）

儿子：对不起，妈妈。

家长：你为什么道歉呢？

儿子：我为今天忘记做到尊重而道歉。我明天会更加努力。

家长：你听上去很有决心，我想你可以做到。

希望你的家庭聚会能治愈伤痛，并且是团结一致和充满乐趣的。

第四章

51种美德，
激发出孩子最好的内在品质

No.1
坚 定

锲而舍之，朽木不折；锲而不舍，金石可镂。　——《荀子》

咬定青山不放松，立根原在破岩中。千磨万击还坚劲，任尔东西南北风。

　　　　　　　　　　　　　　　　　　　——郑板桥《竹石》

什么是坚定？

坚定意味着积极和自信，意味着你知道自己应该得到尊重。首先你要意识到"天生我材必有用"。你有自己独特的天赋，只有你才有这些特质。

如果你是一个坚定的人，你就能仗义执言、独立思考，而不会随波逐流。如果有人要伤害你、给你带来麻烦或怂恿你去做你并不赞同的事情，你就会挺身而出，展现足够强大的力量，保证自己不受他人的伤害，亦不受他人的影响。

坚定就是敢于寻求自己所欲和所需的东西。

坚定要求你能够表达自己的思想和观点，并展示自己的才能。你如果这样做了，就是在运用你的天赋，就是在用自己特有的方式为世界服务。

为什么要成为一个坚定的人？

如果不够坚定，你就会变得消极被动，其他人就可以轻而易举地使唤你。如果不够坚定，你就只能依照别人的意愿行事。别人会告诉你应该做什么、想什么，而你不会停下来弄明白什么才是自己想要的和需要的，什么才是你自己内心的声音。

你如果过于被动，就等于默许别人来伤害你或给你带来麻烦。你将无法设定一个保证自己安全的界限。

消极被动的问题在于，你特有的存在方式和思考方式未能得以表现和表达，你的世界也会因此变得贫乏。

你如果不够坚定，也可能走向另一个极端，变得咄咄逼人。你会尝试去控制、摆布或伤害他人，而最终你会对自己感到失望。

而如果你足够坚定，别人就会尊重你。你能够表达自己的真实想法和感受，也能够保护自己不受伤害，还能够依据自己的意愿做出选择。我们来到这个世界，是为了在这里扮演自己独特的角色。正如在管弦乐队中每一种乐器都要发挥其作用，这样才能奏出美妙的乐曲，你也是生命乐章中不可缺少的音符。

怎样成为一个坚定的人？

要做到坚定，你需要记住自己的价值。你要坚决捍卫自己认同的真理，并且决不允许其他人待你不公。你要让其他人知道你的界限在哪里，什么是你会做的，什么是你不会做的。你要遵从自己的内心，为自己做决定。

如果你有自己的想法，哪怕有些害羞，也要大胆说出来。你是自己的主人。坚定并不意味着你总要控制一些事情或任性妄为，而意味着当你被别人问及自身感受或想法时，你不会仅仅说些投其所好的东西，而会诚实而巧妙地说出你真实的想法。

当有些人的提议让你感到不适，甚至可能伤害你或给你带来麻烦时，你可以停下来认真思考。你可以明确地告诉他们你不会这么做，你不允许别人欺负你或伤害你。在恰当的时候，你也会寻求帮助。你要避免变得咄咄逼人。你不需要通过伤害别人或指使别人来让自己得到重视。你要时刻铭记自己是这个世界上独一无二的个体。

◉ 如果发生以下情况，应如何做到坚定？

＊你在一些特别受欢迎的孩子身边感到自卑

＊一个好斗的孩子想欺负你

＊你的老师询问全班同学对他刚刚讲的故事有什么看法

＊你的朋友邀请你一起去一个你根本不想去的地方

＊你所在的团体怂恿你做一些不好的事情

成功的标志

◉ **恭喜你！如果你做到下面几条，说明你已经做到了坚定。**

　　* 意识到自己值得被尊重

　　* 独立思考

　　* 仗义执言

　　* 寻求自己所欲和所需的东西

　　* 设定自己的是非界限

　　* 自由地表达自己的想法和感受

◉ **如果出现以下情况，你还得继续努力。**

　　* 忘记了自己的个人价值

　　* 任由他人给自己带来麻烦

　　* 在别人面前感到自卑

　　* 只说别人想听的话

　　* 过于被动

　　* 过于咄咄逼人

> ＂
>
> **★ 自我激励宣言 ★**
>
> 　　我很坚定。我能够独立思考，做我认为正确的事情。我能够仗义执言。我知道自己应该得到他人的尊重。
>
> ＂

No.2
关 心

老吾老，以及人之老；幼吾幼，以及人之幼。 ——《孟子》
爱人者，人恒爱之；敬人者，人恒敬之。 ——《孟子》

什么是关心?

关心是你对在意的人或事倾注爱和关注。你可以对在意的人说一些有益的话，或做一些对他有益的事，来表现对他的关心。关心你正在做的某件事，意味着你会尽全力做好这件事。

当你关心别人时，你会对他格外在意，对发生在他身上的事情非常感兴趣。你对某人或某事表现出关心，说明这个人或这件事对你来说尤为重要。你可以关心自己、关心他人、关心宠物，或者关心某件特定的事情。当你关心某个小动物时，你便会悉心照顾它，满足它生活中的各种需求。

当你关心某物时，你会温柔地对待它，并且尊重它，确保自己不会伤害它。

当你接手一项自己关心的工作后，你肯定会全力以赴。

关心是发自内心的，它是爱、尊重和关怀的标志。关心他人就是要将他人的利益当作自己的利益来考虑，并竭尽所能地让他知道他是被爱护和被重视的。

关心自己意味着自我尊重和自我关怀。

为什么要关心自己和他人？

关心让世界变得更美好。关心能让人们觉得不那么孤独。有些人会伸手帮助那些受伤、生病或虚弱的人，这并非他们的工作，也并非他们非做不可的事情。他们表现出关心是因为这些人对他们来说很重要。正是因为这样的关心，别人才会信任他们。关心别人的人，会用爱、尊重和关怀来对待每一个值得他这样去做的人。关心从爱自己和他人，以及尊重自己和他人开始。

如果没有关心，那么世界上的人和事都将不再重要。每个人都会感到孤独。如果有人受伤或生病，也不会有他人伸手相助，除非这样做能获得报酬或捞到好处。如果没有关心，人们就会仅仅因为能获得回报而付出，人与人之间就会充满怀疑和猜忌。如果人们都抱持着一种漠不关心的态度，那么他们对待工作也必然会三心二意、马虎了事。这样的态度有时也会给他人和环境带来危害。

当你不关心自己的时候，其他人也会认为你不那么重要，他们也会开始不把你放在心上。

怎样做到关心自己和他人？

当你想要关心和爱护别人时，你要寻找一些方法，让对方感受到你在关注他。你可以问问他近况如何，他在想什么，或者他的感受如何，比如"你今天做了些什么？""你今天过得怎么样？""现在感觉好些了吗？"或者"我能帮你什么忙吗？"。

当你对外界表现出关心的时候，你就会以克制和温和的态度来处理问题。当你受托照顾某人或某物时，你要珍惜这份信任，并竭尽全力去完成。

当你关心自己正在做的工作，不管它是家务还是学校的任务，你都会热情相待，并力争出色地完成。

当你关心自己的时候，你会尊重自己的身体，衣着整洁干净，每天洗澡、梳头。你会调整好自己的状态。如果感到孤单，你会约上朋友共度一段时光。如果感到饥饿，你会找点儿东西吃。如果感到悲伤，你会流泪哭泣，而后决定如何做才能让事情好转。

● 如果发生以下情况，应如何做到关心?

＊你正在帮助家人做家务

＊你发现自己的一个朋友看上去有点儿难过

＊你从外面回来，开始跟妈妈讲话

＊你要照顾家里的宠物

＊有些难以启齿的事情让你感到沮丧

＊你的姐姐把她珍爱的某样东西借给了你

成功的标志

● **恭喜你! 如果你做到下面几条, 就说明你已经做到了关心自己和他人。**

　　* 在意自己和别人

　　* 当别人说话时, 注视他们并认真倾听, 让他们感到自己的话十分重要

　　* 谨慎处理事情

　　* 对自己关心的任何人或事都以温柔和爱相待

　　* 尊重自己的身体

　　* 对工作投入热情, 并能出色地完成任务

● **如果出现以下情况, 你还得继续努力。**

　　* 表现出漠不关心的态度, 似乎一切都与自己无关

　　* 无视别人的需要

　　* 没有尽全力去工作

　　* 做事漫不经心

　　* 忽视自己的需要

　　* 本该由你照料的事物 (甚至是宠物!) 并未得到应有的照顾

> **★ 自我激励宣言 ★**
>
> 　　我关心自己和他人。我对自己在意的人和事尤为关心。每项工作我都会全力以赴。

No.3
整 洁

黎明即起，洒扫庭除，要内外整洁。　　　　　——朱用纯《朱子家训》
一室之不治，何以天下家国为？　　　　　　　——刘蓉《习惯说》
衣冠鞋袜，皆须洁净，若能整齐，身亦端正。　——周秉清《养蒙便读》

什么是整洁？

　　整洁意味着勤换洗，保持身体和衣物的洁净。如果你变得整洁了，你会感到（当然还有闻起来）非常清新。整洁就是保持房间的干净有序，为了让家里保持井井有条，你要承担起自己的责任。

　　整洁可以体现在身体上，也可以体现在心灵上。心灵的整洁意味着把思想集中在有益的事情上。如果你做了一件自己并不感到骄傲的事，或是犯了错误，那么你可以通过下决心改变来"净化你的行为"。当你想要提升自己时，你要和过去的不当行为"划清界限"并重新开始。保持整洁也意味着远离有害的毒品。

为什么要成为一个整洁的人？

保持整洁不仅是为了让你自己感觉良好，而且会让别人觉得与你相处十分愉快。如果你认真刷牙，那么你拥有健康牙齿的概率自然就大。可能你就不会有蛀牙了！

整洁能够保护你不受疾病困扰。饭前便后洗手，可以避免导致疾病的细菌滋生。衣着干净，会让你看上去格外精神。家庭整洁，会让你思绪清晰，找起东西来也会更加容易。

充满积极和纯净思想的大脑能让人保持平和。如果你愿意不断纠正自己的不当行为，改正过错，那么你就会获得内心的快乐，别人也会因此而认为你是一个值得信赖的人。

若无法保持整洁，人们身上就会有难闻的气味，而且还会生病，把病毒传染给其他人。如果家里凌乱不堪，你会到处找不到东西，会感到心烦气躁。如果你整天胡思乱想，烦闷不安，那么你就会感到困惑迷茫。那些滥用药物的人，只会让自己意识混乱，并丧失思考的能力。

当你让自己和周围环境变得整洁时，你的内心也会随之变得平和而强大。

怎样成为一个整洁的人？

从简单的层面来说，整洁就是坚持每天洗澡和刷牙，用完东西放回原处，努力让家里保持干净有序。

从更深的层面来说，整洁意味着你要不断改正自己的不良习惯，保持最佳状态。它意味着你要清除那些会让你"生病"的东西——那些东西会影响你的幸福和健康。

当你觉得有必要时，请即刻改正。除了要净化自己的身体，还要净化自己的语言。

　　如果你的脑海里出现了一些令人不快或令人生厌的想法，那就要引起注意了。弄清楚自己为什么会有这些想法，然后尽力用有益的想法去代替它们。

　　请记住，只让那些对你身心有益的东西进入身体，比如有营养的食物和饮品。要避免摄入那些对身体有害的东西。

　　犯错误的时候，你要下决心改正，并把事情处理妥当。必要的时候，你要承认自己的错误并道歉，然后做出改变。

● 如果发生以下情况，应如何做到整洁？

　　* 因为房间太乱，你已经3天找不到鞋子了

　　* 你正在玩一个需要很多零件拼组的玩具，然后你又决定去做别的事情

　　* 你发现自己的脑海中有些令人不快的想法挥之不去

　　* 睡觉时间到了，你很困，但是却不想刷牙

　　* 吃完饭后，厨房乱糟糟的。通常是妈妈洗碗，但她看上去真的很疲惫

成功的标志

● **恭喜你！如果你做到下面几条，就说明你是个整洁的人。**

　　＊保持身体洁净清新

　　＊用完的东西放回原处

　　＊分担家务，协助保持家庭环境的干净整洁

　　＊只吃健康的食物

　　＊使用文明用语

　　＊知错就改

● **如果出现以下情况，你还得继续努力。**

　　＊看上去脏兮兮的，闻起来臭臭的

　　＊忘记洗脸和刷牙

　　＊用完的东西不放回原处

　　＊不打扫卫生

　　＊家中凌乱不堪

　　＊不使用文明用语

　　＊总是犯错，却不认真改过

> ★ **自我激励宣言** ★
>
> 　　我能够保持清新整洁。我能把自己的生活安排得井井有条。我愿意也有能力改正错误。

No.4
同 情

长太息以掩泣兮，哀民生之多艰。

——屈原《离骚》

什么是同情？

同情是理解和关心那些犯了错误或身处困境的人。它是以善良和宽容对待那些对你而言十分重要人；它是有人（也可能是你自己）受到伤害并需要他人理解时，你会替他们感到难过；它是原谅伤害你的人，因为你明白他们为什么这么做，并且你对于他们的关心要超过自己所受到的伤害；它是当你知道有人身处困境，即使你不认识他，还是能感受到他的痛苦；它是深切的关心，希望能够施以援手，即使你所能做的仅仅是安慰和倾听。

为什么要有同情心？

每当人们感觉不好，或者发现自己身处困境时，通常都会感到非常孤独，而这种孤独感无异于雪上加霜。这种时候人们会开始认为，根本没有人理解或关心他们。

对别人表示同情实际上是在告诉他们，他们并不孤单。当他们需要朋友的时候，富有同情心会让你成为他们的朋友，会让你在感觉良好的同时还能帮助别人，也会让你能够更好地理解自己和别人。

如果没有同情心，世界将充满孤寂和艰辛。而一旦有了同情心，我们就会被联系在一起，艰难的日子也会因此而变得轻松起来，因为有人理解和关心我们。

怎样培养同情心？

同情心始于对自己和他人的关注，你要注意是否有人看上去很难过或者生活上遇到了困难（对象可以是人也可以是动物）。

走过去，以下列方式表示你能够理解并关心他的处境。

* 坐在他身边，让他知道你在陪着他，他并不孤单

* 如果他想倾诉，你要学会聆听

* 与他分享自己相似的遭遇

* 如果他并非有意伤害你，应予以理解和原谅

* 做一些力所能及的事情帮助他，哪怕是非常小的事情

◉ **如果发生以下情况，应如何表示同情？**

* 你的狗被绳子缠住了

* 朋友没有听懂老师上课所讲的内容

* 有人因为妈妈生病住院而感到难过

* 新转来的同学看上去孤零零的，好像被大家遗忘了

* 爸爸下班后看上去十分疲惫

成功的标志

◉ **恭喜你！如果你做到下面几条，就说明你是个有同情心的人。**

* 当有人受到伤害或需要朋友时，你给予了关注

* 停下正在进行的工作，让朋友知道你非常关心他

* 倾听朋友的诉说，努力去理解他

* 如果朋友伤害了你，请选择原谅，并再次和他成为朋友，而不是报复性地伤害他

* 对需要帮助的人和动物施以援手

● 如果出现以下情况，你还得继续努力。

* 当你身边的人或动物感到难过或身处困境时，你没有注意到

* 认为你正在做的事情比其他人的遭遇更重要

* 不肯放下正在进行的工作去倾听或表达关心

* 当别人跟你说话时，你感到不耐烦或漫不经心

* 评判或指责别人和自己

* 受到伤害后，因愤怒而反击

★ 自我激励宣言 ★

我有同情心。我能够注意到需要关心的人，并毫不犹豫地提供帮助。

No.5
信 心

不宜妄自菲薄 ——诸葛亮《出师表》

画竹，必先得成竹于胸中。 ——苏轼《文与可画筼筜谷偃竹记》

自信人生二百年，会当水击三千里。 ——毛泽东《七古·残句》

什么是信心?

信心就是感到肯定和确信。信心源于对某人的了解和信任。自信意味着你相信自己，当你要去做某件事时，你不会因为自己的疑虑而退缩。自信表明你很清楚自己的优势和缺点。

如果你对别人有信心，表明你很依赖并且信任他们。

信心会带来内心的平衡。当你有信心时，你的行动便会充满力量，你会想去尝试更多的新鲜事物。信心意味着你不允许恐惧或迟疑阻止你去做你真正想做的事情。

如果你有信心，即使有人想干扰你或想让你产生疑虑，你也能无比坚定。

你会尽力去做，而不会担心即将发生的事情。你会不畏失败，并相信自己可以从错误中吸取教训。

当你有了信心，你会相信，你所经历的事情都是生活赐予你的礼物，都是为了让你不断提升自己、完善自己。

为什么要培养信心？

当你有了信心，你就会不断尝试和学习新事物。如果没有信心，恐惧和疑虑就会让你退缩。你会有各种担心，然后你会错失诸多良机，因为你害怕犯错，犯错会让你觉得自己一无是处。

没有信心，你就会对生活中将要发生的事情感到困惑和害怕。即使你知道某件事情应该怎么做，你的担心也会加深你的不确定感。由于你总是忧心忡忡，无法倾尽全力，事情的结果自然往往也不尽如人意。

信心赋予你尝试新事物的能力，让你有能力承受失败，因为你知道自己能够从失败中吸取教训。我们来到这个世界，并非要彰显自身有多么完美，而是要通过不断学习，一步一步地走向完美。

信心意味着相信他人而非怀疑他人，除非你有充分的理由不去这么做。

如何培养信心？

无论输赢，无论成败，你要坚信自己是有价值的，这样才能培养你的信心。你把自己看作求知者，欢迎一切新的经历和新的可能。你应当以积极的心态去思考问题。当恐惧来临时，你尽管能感受到，但却不会被它束缚住手脚。

不要用批判的眼光看待自己。当你做了一件让自己后悔的事或是犯了错误，不要苛责自己，尽力去纠正和挽回即可。

自信，就是当你有能力尝试新事物的时候，认真地审视自己，明确哪些是

可行的，哪些是不可行的。然后再次尝试，并做出相应的调整，以便下次能做得更好。

相信他人就是信任他人能够言行一致。

● 如果发生以下情况，应如何做到有信心？

* 朋友邀请你加入一个你从未玩过的游戏
* 你被要求在全班同学面前发言
* 你报名参加某项运动，却没被选中
* 你开始担心自己在某场话剧首演中的表现
* 你做了一件让妈妈很生气的事情
* 你在数学测试中得了非常低的分数

成功的标志

● **恭喜你! 如果你做到下面几条，就说明你是个有信心的人。**

　　* 无论成功还是失败，始终坚信自己是有价值的

　　* 希望尝试新事物

　　* 发现自己的特长

　　* 不以批判的眼光看待自己

　　* 从错误中吸取教训

　　* 以积极的心态思考问题

● **如果出现以下情况，你还得继续努力。**

　　* 害怕尝试新事物

　　* 试着去做不可能完成的事情

　　* 隐藏错误，不愿从中吸取教训

　　* 不愿意思考如何能将事情做得更好

　　* 做事不假思索

　　* 经常感到害怕、担忧或沮丧

> **★ 自我激励宣言 ★**
>
> 我有信心。当我尝试新鲜事物时，我会全力以赴。
> 我从不过分担忧。我会接受一切新的事物。

No.6
体 贴

推己及人 ——朱熹《与范直阁书》
病人之病，忧人之忧。 ——白居易《策林》

什么是体贴？

体贴就是重视他人以及他们的感受，考虑自己的行为会如何影响他们，并关心他们的感受。

体贴就是考虑周到，关注别人的喜好，所做的事情能够为别人带来幸福和快乐。

体贴就是将别人的喜好与自己的喜好看得同等重要。当你与别人的品位不同时，体贴意味着你不会试图去说服他们相信自己是错误的，你是正确的。相反，你会尊重他们的感受。体贴就是要考虑别人的需求。

为什么要成为一个体贴的人？

当人们表现得很自私，不体贴别人时，就会伤害别人的感情。当你不体贴别人时，别人也不会体贴你。你可能会因为播放音乐时把音量开得过大而影响到别人，或因为胡乱堆放东西而造成安全隐患。

如果人们不相互体贴，就很容易陷入争吵，因为他们都会觉得别人无视自己的诉求。而如果大家都能相互体贴，事情就会变得平和许多。

当你对别人体贴时，别人会知道你很重视他们，因为你在做事情之前会考虑他们的感受，并确保事情最终能顺利进行。当你开始变得体贴，别人同样也会开始体贴你，体贴是很有感染力的！

怎样成为一个体贴的人？

体贴始于认识到自己的行为会给他人带来怎样的影响。你会注意到别人的喜好，并考虑他们的感受。

当你体贴别人时，你就会将他们放在与自己同等重要的位置。体贴就是你需要问自己"我这样做会影响或伤害别人吗？"等诸如此类的问题。如果答案是肯定的，那么你就要想其他的办法去实现目标，同时也要尊重别人应有的权利。

如果有人正在阅读，路过时请注意放轻脚步；如果有人正在忙，请等他处理好手头的急事再请教问题。安排好自己的行程，以便有时间与家人聚餐或可以及时给宠物喂食。

如果你想变得体贴，就要仔细思考什么才能给他人带来快乐。如果你想送某人礼物，一定要认真考虑送什么才合其心意。如果有人生病了，应递上一杯热饮，或者为他盖好毛毯，给他适当的关爱。如果有人不开心，应换位思考，想想如果换成是你，你最需要朋友为你做哪些事情。

● 如果发生以下情况，应如何做到体贴？

* 哥哥感到很无聊，因为他生病了，必须卧床休息
* 你和父母在音乐品味方面观点不同，在播放音乐的音量上观点也无法达成一致
* 你最好的朋友要过生日了
* 你正准备进校门，发现身后有同学恰好也准备进来
* 你放学回家，发现外婆正在小憩

成功的标志

● 恭喜你！如果你做到下面几条，就说明你是个体贴的人。

* 尊重别人的需要和感受
* 认为别人的观点和自己的观点同样重要
* 停下来思考自己的行为会给别人带来怎样的影响

＊当周围有人正集中注意力做某事或睡觉时，能尽量保持安静

＊能设身处地为别人着想

＊悉心关怀别人

＊能够想到一些能为别人带来快乐的小事情

● **如果出现以下情况，你还得继续努力。**

＊行动前从不考虑会给别人带来怎样的影响

＊不知道什么会打扰到别人，直到他们生气为止

＊按照自己的意愿做事，并希望别人能迁就自己

＊认为只有自己的感受才是最重要的

＊忽略或忘记别人的生日以及其他应赠送礼物的日子

★ 自我激励宣言 ★

我很体贴。我会考虑自己的行为会给别人带来怎样的影响。我考虑周全，能给别人带来欢乐。

No.7
勇 气

捐躯赴国难，视死忽如归。 ——曹植《白马篇》
人生自古谁无死，留取丹心照汗青。 ——文天祥《过零丁洋》

什么是勇气？

勇气是一个人面对恐惧时的胆量。你会去做应该做的事情，即使知道这样做十分困难或令人恐惧。勇气是当你想要放弃的时候，还是会选择勇往直前。有时候勇气意味着你在意识到危险时还能做到坚定不移，毫不退缩。但它并不意味着让你为了表现得勇敢而去冒不必要的风险。

尝试新事物、面对困境、失败后重整旗鼓的时候，都需要勇气。勇气就是即便其他人都嘲笑你或辱骂你，你依然会坚持做自己认为正确的事。

勇气是内心的品质。它源于你内心的感受而不是大脑的想法；它源于你对自己的认识，知道什么是自己可以做且应该做的。

爱可以赋予我们勇气，给予我们力量，帮助我们无所畏惧地去做正确的事情。

为什么要培养勇气？

当你感到害怕或犹豫时，勇气就是你最需要的东西。有时候你不确定自己是否能完成某事。面对几乎是绝望的处境时你会感到孤立无援。勇气可以助你成就一番大事。

如果没有勇气，人们会只选择容易的事去做，不再有人愿意尝试看上去很艰难的新事物。每个人都只愿意重复其他人做过的事，以免从人群中脱颖而出——即使他们知道这样做是不对的。恐惧会占据主导地位，人们会对一切看上去困难的事情避之不及。

怎样培养勇气？

你要去做那些你认为正确的事，即使它看上去很困难或令你害怕。你应该勇敢地面对错误，并从中吸取教训，然后继续尝试。即使有时候你觉得自己好

像永远也学不会，但你还是要去尝试，比如学骑自行车。

你要努力去理解那些令你担心的事情，并弄清楚这些事情是真实存在的还是自己想象的。要记住，在你需要的时候，你总是能够得到帮助。他人可以给予你帮助和力量。

即使你所有的朋友都在做某件事，只要你认为它是错误的，你就要站出来去做你认为正确的事。无论别人如何嘲笑你、辱骂你，你都要让自己的内心充满勇气。

当你感到害怕时，请直面你的恐惧。大声说出来，然后放下它。你要清楚做什么才是明智的、勇敢的，即使你依然畏惧，还是要勇往直前，义无反顾地去做。

● 如果发生以下情况，应如何做到有勇气？

　＊ 你要在全班同学面前发言

　＊ 你的朋友们想让你做某件事，比如偷窃或抽烟，但你觉得这样做是不正确的

　＊ 你看到有一个孩子正在被一群孩子嘲笑和伤害

　＊ 你做了一些让自己感觉内疚的事情，比如打碎了妈妈最喜欢的盘子，但没有人知道是谁做的

　＊ 你想睡觉，却很怕黑（你需要什么帮助？）

成功的标志

● 恭喜你！如果你做到下面几条，就说明你是个有勇气的人。

　＊ 即使困难重重且令人畏惧，还是坚持做自己认为正确的事情

　＊ 承认错误并吸取教训

＊愿意尝试新事物

＊能够向别人寻求帮助

＊即使有人嘲笑你或辱骂你，内心依然充满勇气

＊即使有些害怕，还是会一往无前地去做自己想做的事

● 如果出现以下情况，你还得继续努力。

＊因为恐惧或害怕失败而不去尝试新事物

＊假装不害怕

＊害怕承认错误

＊随波逐流，即使你认为这样做是错的

＊做容易的事而非正确的事

＊认为自己可以做好一切，在需要时仍不愿向别人求助

★自我激励宣言★

我有勇气尝试新事物。我会承认自己的错误并从中吸取教训。我会听从自己的内心。我能勇敢地去做正确的事情。

No.8
礼　貌

不学礼，无以立。　　　　　　　　　　　　　　　　　　——《论语》

礼尚往来。往而不来，非礼也；来而不往，亦非礼也。　　——《礼记》

什么是礼貌？

礼貌就是待人彬彬有礼。礼貌是亲切地对待别人，为他们着想，礼貌是在与别人相处时，让他们感到自己被重视、被关心、被尊重。当人们想要给别人留下好印象时，就会礼貌待人。我们不仅仅要对初次见面的人有礼貌，对身边的亲戚和朋友也同样需要有礼貌。

"请""谢谢""抱歉""打扰了""不客气"等不仅仅是几个简单的词语，它们也是表达礼貌的方式，可以让别人知道你很感激他们并且关心他们的感受。当别人在说话时，不去打断别人，会让他们觉得自己所说的话和你想要说的话同样重要。礼貌地对待长辈和师长尤为重要，这是表达你对他们的尊重的一种方式。

为什么要成为一个有礼貌的人？

礼貌待人会让人感到自己是被认可的，是非常重要的。人们不会觉得自己被利用了或被冒犯了。下一次他们与你相遇时，自然会想待在你身边，并且会想帮助你。礼貌犹如磁铁一般，会让你散发出吸引人的魅力。

如果一个人没有礼貌，人们会觉得自己被冒犯，会认为此人愚昧无知。他们会认为这个人对其他人和其他事都漠不关心。粗鲁的人自然会被孤立，因为其他人会觉得自己不被尊重，会对他避之不及。

怎样成为一个有礼貌的人？

有礼貌，就是要学会礼貌的说话方式，并运用到日常生活中。不要粗鲁地打断别人，而要说"抱歉，打扰一下"，然后耐心地等待别人把注意力转向你。

礼貌意味着你要考虑到自己的行为会给别人带来怎样的影响，然后以令人感到舒服的方式行事：咀嚼食物的时候保持嘴巴紧闭（避免当着别人的面打

嗝！）；为身后不方便的人扶着门；请求别人做事时把"请"字挂在嘴边，而不是命令别人立刻做某事；如果别人帮助了你，记得要微笑着说"谢谢"。礼貌就是初次见到某人时，保持微笑，然后说"您好"，也许还可以和他握握手。

在学校里，礼貌就是认真听老师讲课，听从老师的教导，并关心班上的同学。礼貌的人从不会推挤别人，胡乱插队。他们也不会在室内大声喧哗，如果需要大声说话，他们会移步室外。每天都有很多机会可以用来培养礼貌的品行。

● 如果发生以下情况，应如何做到有礼貌？

  * 你第一次见到某个人

  * 你的父母正在交谈，但你想和他们中的一个人说话

  * 你正在参加一个生日聚会，蛋糕刚刚被端上来

  * 你接了一个电话，是找你姐姐的

  * 你刚刚走进一个严肃的场合

成功的标志

● 恭喜你！如果你做到下面几条，就说明你是个有礼貌的人。

  * 以谦虚和尊敬的态度对待别人

  * 考虑自己的行为会给别人带来怎样的影响

  * 能够礼貌地对待师长

  * 吃饭、说话和进行其他行为时注意自己的形象

  * 用请求的语气代替命令的语气

  * 与人打招呼时面带微笑

● 如果出现以下情况，你还得继续努力。

    * 粗鲁地对待别人，或表现得好像其他人都不重要

    * 认为自己比别人重要

    * 忘记说"请""谢谢""您好"等礼貌用语

    * 和别人初次见面的时候什么也不说

    * 打断别人说话

    * 推推搡搡，或是吃饭的时候丝毫不注意吃相

    * 总是命令别人而非请求别人做事

    * 接电话时语气粗鲁

★ 自我激励宣言 ★

    我很有礼貌。我牢记礼节，以尊重的方式对待别人。我会礼貌地和别人打招呼，会向别人表现出自己的关心。

No.9
创造力

苟日新，日日新，又日新。

师其意而不泥其迹。

——《礼记》

——晁补之《跋董元画》

什么是创造力？

你是独特的个体。你的才能和天赋让你成为世界上独一无二的存在。创造力是你用自己的天赋为世界带来新事物的方式。

创造力就是表达新想法，发明新事物，为音乐、舞蹈等艺术找到新的表现形式；是为了造福他人而将心中独特的光亮散发出来。创造力把我们与美联系在一起。

要做到有创造力就要有想象力，就要能够以新的眼光来看待旧事物，用新方法来做事情。

为什么要培养创造力？

如果缺乏创造力，世界就不会向前发展。所有的事物就只能维持原样。没有伟大的想法，就不会出现新的发明。你就只能按照老方法来做事。如果你想去某个地方，可能要骑着驴前往，而不是像现在这样可以乘坐飞机、火车、轮船或汽车。

如果没有音乐、美术和文学，生活就会变得沉闷、无趣。聆听优美的乐曲能够陶冶人的情操。好的舞蹈、绘画和雕塑能起到同样的作用。艺术家的创造力给世界带来了欢乐。

当你与其他人交换想法时，事情就会得到改观。当科学家富有创造力时，他们可能就会找到治愈某些疾病的新方法。

每个人都可以通过学习艺术和科学来服务社会。不发挥创造力，你将有愧于自己所拥有的天赋。

怎样培养创造力？

你可以通过充分发挥自己的天赋来培养创造力。

首先，你要知道自己有何种天赋。你要知道自己喜欢做什么。花一些时间去思考，然后学习如何发掘和培养自己的天赋和才能，以不断完善自己。

创造力是为想象力服务的训练。当你想象某个你想创作的东西时，你需要让它变得具体和真实。它可以是一个故事，也可以是一幅画、一段舞蹈、一首歌曲，也可以是一项新发明。学习绘画，演奏乐器，或是上舞蹈课，这些都可以训练你的创造力。

在面包店工作时，做出可口的面包也是一种创造力。创造力就是对熟悉的东西做出改进。创造力能够带来进步。

培养创造力意味着你要用自己的方法做事，而不是一味地模仿别人。创造，就是你用自己的天赋来造福世界的过程。

● 如果发生以下情况，应如何发挥创造力？

* 你希望自己可以进入校乐队

* 你有一个设计新玩具的想法

* 用你的方法打扫房间需要很长时间

* 你想试试自己是否能写一首诗

* 你的一个朋友正准备举办生日宴会，而你不想在礼物上花太多钱

成功的标志

● 恭喜你！如果你做到下面几条，就说明你是个有创造力的人。

* 发现自己的天赋

* 运用知识和训练来发展自己的天赋

＊尝试用新方法对事情做出改进

＊运用你的想象力

＊用自己独特的方式做事

＊花时间思考

● **如果出现以下情况，你还得继续努力。**

＊不相信自己有特别的天赋

＊不去开发自己的天赋

＊在学习科学或艺术时毫无方法

＊用自己一贯的方式去做事

＊一味模仿他人

＊你的才能只运用在自己身上

★ **自我激励宣言** ★

我是一个有创造力的人。我有特别的天赋，而且我愿意去发掘它们。我会花时间寻找灵感。我做事情时总愿意去想一些新的、更好的方法。

No.10
超 脱

行到水穷处，坐看云起时。 ——王维《终南别业》

回首向来萧瑟处，归去，也无风雨也无晴。 ——苏轼《定风波》

什么是超脱？

超脱就是体验情感，但不受制于情感。在某种具体的情境下，超脱的人可以选择如何应对，而不仅仅是做出反应。每个人都会难过、快乐、喜悦、沮丧、愤怒，这很正常。超脱就是把理性与情感相结合，这样你就不会轻易地被情感所左右。

超脱并不意味着你要掩饰自己的真实感受。有些人认为超脱就是装酷或装作毫不在意，但当他们真正进行尝试时，才发现这实际是一种令人愉悦的体验。只有当我们能掌控情感，能选择去做我们真正想做的事情时，情感才是美妙无比的。

超脱意味着你可以直面自己的情感，但不会被自己的情感牵着走，除非你自己愿意那样。这就好比你是自己的旁观者，你既可以体验情感，也可以用旁观者的视角审视自己的情感。

为什么要成为一个超脱的人？

超脱对你而言是至关重要的。它可以让你不受情感的干扰做出自己想要的选择。它可以让你善待自己不喜欢的人，也可以让你不畏艰险，坚持去做正确的事情。

超脱有助于你应对类似于愤怒这样强烈的情感。你可以告诉别人你有多生气以及为什么生气，而不是随手抄起身边的东西砸过去！

超脱能够赋予你自信心。超脱会让你觉得自己仿佛进入了一个安静而平和的地方，使你能够客观地看待正在发生的事情，而不会被任何情感冲昏头脑。

如果做不到超脱，你永远不会知道自己下一步会做什么——因为你总是意气用事！如果你能够做到超脱，那么即使你的情绪很强烈，事情也会变得简单。在践行超脱的过程中，沉思和冥想大有裨益。

如果做不到超脱，你便会躲避自己不喜欢或困难的事情——即使那件事情对你来说非常重要。如果能做到超脱，你做自己喜欢的事情时就会有所节制，不会吃得太多或太沉迷于游戏，从而忽略了其他你真正应该做的事情。

怎样成为一个超脱的人？

在你对某件事或某个人有情绪时，你可以试着保持超脱。首先你要正视自己的情感——如果你连自己的真实情感是什么样的都不清楚，又怎样做到超脱呢？停下来，正视自己的情感和想法。问自己以下两个问题：

* 我对此有何感受？

* 我想做什么？

现在，请专注于你想做的事情。然后问自己：

* 这样做对我是否有益？

* 这样做能帮助别人吗？

* 这样做是否正确？

* 这是我的最佳选择吗？

如果以上任何一个问题的回答是否定的，那么你就要果断放弃这件事情。

● 如果发生以下情况，应如何做到超脱？

* 妈妈让你做些家务，但你却想打游戏

* 姐姐在未经你同意的情况下穿了你最喜欢的一件毛衣，你感到非常生气

* 你迫切想要赢得某场比赛，或加入某个队，但事实却并不如你所愿

* 在学校里有些同学捉弄你

成功的标志

● **恭喜你！如果你做到下面几条，就说明你已经是个超脱的人了。**

　　＊在做可能会让你感到后悔的事情前，停下来好好想一想

　　＊在决定如何应对之前，正视自己的情感

　　＊将理智与情感结合起来

　　＊在付诸行动前进行深思

　　＊选择做正确的事情

● **如果出现以下情况，你还得继续努力。**

　　＊忽视自己的感受

　　＊不知道自己心里是何感受

　　＊未经深思熟虑，任由自己感情用事

　　＊当某种情感很强烈时，觉得自己无能为力

　　＊无法决定自己想要说什么或做什么

　　＊发脾气

★ 自我激励宣言 ★

　　我清楚自己的感受，并可以超脱地选择自己的行为方式。我做的是自己认为正确的事情。不论发生什么，我都选择成为最好的自己。

No.11
决 心

三军可夺帅也，匹夫不可夺志也。 ——《论语》

有志者事竟成 ——范晔《后汉书》

什么是决心？

决心是把精力都集中在某个具体的任务上，然后坚持不懈地努力直至目标达成。决心是即使某件事情并不容易做到，也要意志坚定努力去完成。

当你决定做某件事时，你应该知道它的重要性。决心意味着你对这件事情很上心，即使遇到了困难，经受着考验，还是会一往无前。

为什么要有决心？

如果没有决心，许多事情都无法完成。当遇到困难时，没有决心的人会选择放弃。即使他们需要帮助，也不会选择求助，而只会停下脚步。

如果没有决心，人们就只会被动等待别人来鼓励自己，让别人来敦促自己完成任务。如果没有决心，重要的事情往往会被忽视。

有决心的人，即使面对最艰难的挑战，也能迎难而上。他们能够完成重要的任务。他们会成为坚强的人，会做有益于这个世界的事情。

怎样培养决心？

若想培养决心，首先，你要明确什么是对自己重要的事情。然后，你要有坚定的意志把事情做好。你做事要善始善终。无论遇到什么样的困难，你都要耐心解决，然后重新回归正轨。即使发生了令你分心的事情，你也要继续将事情做完。你要有坚定的目标。

在需要帮助时，你要学会寻求帮助，因为你正在做的事情太重要了，不能轻言放弃。如果你做事的方法不正确，那么你要想想怎样才能不断改进。当你感到难过或泄气时，可以停下来做一些调整。想想你需要什么才能实现自己的目标，然后重整旗鼓，从头再来。

达成目标的感觉好极了!

● **如果发生以下情况，应如何做到有决心?**

　　＊ 你正在练习骑自行车

　　＊ 你正在做非常难的家庭作业，而且明天就要上交

　　＊ 你正在为爸爸的生日准备一个模型，但在建的过程中你发现特别复杂

　　＊ 你决定开始培养某种新的美德，但却总是犯老毛病

成功的标志

● **恭喜你! 如果你做到下面几条，就说明你是个有决心的人。**

　　＊ 认为你正在做的事情很重要

　　＊ 为自己设定目标

　　＊ 专注于你正在做的事情

　　＊ 使自己不被干扰

　　＊ 即使遇到困难也能勇往直前

　　＊ 能适时寻求帮助

　　＊ 做事有始有终

● **如果出现以下情况，你还得继续努力。**

　　＊ 认为自己正在做的事情无关紧要

＊觉得自己只是试试而已

＊做事拖拖拉拉

＊遇到困难便半途而废

＊当你需要帮助的时候却不求助

＊做事虎头蛇尾

★ 自我激励宣言 ★

我有决心。我会设定目标，然后会坚持不懈直至目
标达成。我能够把事情做好。我能够做到目标坚定。

No.12
热 情

宾至如归

——左丘明《左传》

花径不曾缘客扫，蓬门今始为君开。

——杜甫《客至》

什么是热情？

热情是感到高兴和快乐。它是全心全意，怀揣一腔热忱和渴望；它是毫无保留、百分之百地投入到想做的事情中；它是对某样东西很热衷，且心向往之。

热情意味着"力量之源在我心中"。热情是充满积极的情绪，不是指你要做的事情，而是指你做事情的方式。你可以对上学抱有热情，也可以对清理垃圾或外出钓鱼抱有热情。

热情是愉快地去做事，并且能够全力以赴，哪怕是做最枯燥的工作，也能感受到乐趣。

为什么要成为一个热情的人？

热情是极富感染力的。当你表现得热情，其他人也会被你的情绪所感染，即使是最枯燥无味的工作也会进展神速。正是因为你毫无保留地付出，工作也变得简单多了。大家都喜欢和你相处，热情可以让大家的生活变得更加愉快。

如果没有热情，事情就会进展缓慢，并且索然无味。一切就会变得没有乐趣，没有激情。没有热情的人往往会表现出悲观消极的情绪。他们做事会有所保留，会勉为其难，而且不会尽全力去做。

如果缺乏热情，你也做不好事情。人们会觉得你的态度有问题。朋友们也不会想和你待在一起，可能还想避开你。

对没有热情的人而言，一切事物都变得了无生趣，而没有热情的人自己也会渐渐变得毫无乐趣。

怎样成为一个热情的人？

热情是一种态度，它源于人的内心。它让你对自己正在做的事情以及正在计划的事情充满兴趣。通过思考某件事多么有趣，或想办法让它变得有趣，你也会变得充满热情。

你无法让自己对任何事情都保持兴趣，但你可以努力这样去做。你可以发挥自己的想象力，在所做的事情中寻找兴趣点，也可以发挥自己的创造力，用新颖独特的方式去做事。

你还可以在事情完成前先想象一下美好的前景来让自己充满热情。如果你正在打扫一间小屋，想象当你完成这一切后，小屋会变成什么样。想象如果家人看到房间如此干净整洁会多么高兴。

热情就是花时间享受简单的乐趣，发现生活中的惊喜。你可以向别人展现自己的热情，如果有美好的事情发生，你可以和他们一起庆祝。你可以通过微笑、兴奋的表情，还有类似"哇！""太棒了！"这样的话语来表现自己的热情。你的热情对其他人而言也许是莫大的鼓励。

◉ 如果发生以下情况，应如何表现出你的热情？

* 你特别喜欢妈妈或爸爸做的一道菜
* 你喜欢朋友为你播放的新歌
* 你的姐姐在某项体育运动中表现出色
* 学校要求你完成一项科研项目
* 有天晚上你望向窗外，看到满天繁星
* 你要做一项非常繁重的家务

成功的标志

● **恭喜你！如果你做到下面几条，就说明你是个热情的人。**

　　＊ 期望做某事，并感到快乐

　　＊ 对自己正在做的事情投入百分之百的努力

　　＊ 积极地思考——看到事情美好的一面

　　＊ 微笑、大笑，对于自己做的事乐在其中

　　＊ 想出创新的方法去完成工作

　　＊ 享受生活中的惊喜

● **如果出现以下情况，你还得继续努力。**

　　＊ 装酷——做任何事情都没有兴趣

　　＊ 做事的时候有所保留，没有尽全力

　　＊ 总是感到无聊

　　＊ 消极地思考——总是看到事情不好的一面

　　＊ 皱眉、抱怨，做事的过程中感到十分痛苦

★ 自我激励宣言 ★

　　我满怀热情。无论做什么，我都会百分之百地投入。我会发挥自己的想象力和创造力。我会迎接即将发生的一切。

No.13
卓 越

治之已精，而益求其精也。

——朱熹《论语集注》

什么是卓越？

卓越是无论做任何事情或对待任何关系，你都会竭尽全力。你拥有许多潜能，也许会成为一名艺术家，也许可以创造一个前所未有的新发明，也许任何人都渴望和你成为好朋友。你在生活中可能会遇到难题，但你有能力去克服它们。

培养卓越的美德，并不是说你要比其他人做得更好，而是说你要努力达到自身的最佳状态。

不管你正在做什么，卓越意味着你将尽力做到最好。卓越是受崇高目标的指引而付出的努力，是对完美的渴求。一粒种子的完美是最终结成的果实。你生命的完美就是让你的天赋不断"成长"直至"开花结果"。

为什么要追求卓越？

追求卓越是通往成功之路必不可少的要素。追求卓越是需要勇气的。那些对事情的结果没有把握、害怕失败的人，通常不会用尽全力。如果某件事的结果不尽如人意，他们会说："没关系，反正我也没有花上全部精力。"

但如果这样的话，他们就永远都无法了解自己的极限。

不愿追求卓越的人往往会半途而废。他们会稍微试探一下就放弃。他们的生活往往也乏善可陈，不会硕果累累。他们表现得似乎一切都无关紧要——好像他们自己也无关紧要似的。

当你开始追求卓越时，你就能开辟出一片新天地，尝试从未有人尝试过的新事物。你会努力把事情做到最好，发现自己的天赋所在。努力做到最好能够帮你认识真正的自己。

当你追求卓越时，你肯定可以在这个世界上有所作为。

怎样追求卓越？

追求卓越，是无论事情大小，无论对工作还是爱人，都要尽力做到最好。追求卓越，是努力完成以前认为困难的事情，是愿意从错误中吸取教训。

追求卓越意味着你只对竭尽全力获得的结果感到满意。追求卓越是在做某项工作时，能够聚精会神，且不会半途而废。如果你发现自己做不了某件事，那么就找你能够完成的事来做。你不可能样样精通，因为每个人都有各自擅长的事情。选择适合你的事情，然后发挥创造力，并以最大的热情和决心去完成它。

追求卓越并不仅仅指做事，也可以指人。当你在努力培养某种美德，比如耐心或诚实时，你便需要追求卓越的品质。如果你能够专心致志，每天进步一点儿，那么自然就会成为卓越的人。如同一粒小小的种子也能长成参天大树，你身上所隐藏的天赋最终也能结出丰硕的果实。

◉ 如果发生以下情况，应如何追求卓越？

　　* 你正在打扫房间

　　* 你正在学习新事物，比如学习演奏一种乐器

　　* 你感觉自己好像做什么事情都不成功

　　* 你在做某件事情的过程中感到很累

　　* 你开始和别人攀比

　　* 你发现你自己做了太多承诺，或者有太多事情要做

成功的标志

◉ 恭喜你！如果你做到下面几条，就说明你是个追求卓越的人。

　　* 无论做什么都尽力做到最好

　　* 尽力维系好人际关系

*为自己设定崇高而实际的目标

*预先制订好计划并努力实施

*不要抱着尝试的心态去做事

*发挥自己的天赋

◉ 如果出现以下情况，你还得继续努力。

*没做好计划就开始新的工作

*想要满足所有人的所有要求

*想要做的事情太多，而真正能完成的事情又太少

*害怕失败

*妄自菲薄

*在任务完成前放弃，或在你可以做得更多、更好的情况下放弃

★ 自我激励宣言 ★

　　我非常感谢自己拥有的天赋。我会尽力做好手头的工作，维系好与他人的关系。我敢于设定崇高的目标，并做好可以做好的所有事情。

No.14
忠　实

生当陨首，死当结草。　　　　　　　　　　　　　　——李密《陈情表》

臣心一片磁针石，不指南方不肯休。　　　　　　　——文天祥《扬子江》

什么是忠实？

忠实指对人或事真心诚意、尽心尽力。它是无论如何也要坚持自己认为重要的东西；它是能够经得起时间考验的信念；它是坚持走自己的道路，无论中途被多少困难阻断，依然毫不动摇。

忠实就好比激流中的一块岩石。无论在任何情况下，你都要坚定立场。忠实源于你深切了解并能认真践行自己的信念。当做到忠实时，你就值得被信赖，你说自己会出现时就一定会出现，无论发生什么你都能信守承诺。

当你的信念和原则无法得到他人认可时，你仍需要做到忠实。如果你能忠实于自己的信念，比如对诚实或友谊的信念，那么其他人也会从你的行动中看

到你的价值所在。

为什么要忠实？

如果人们不忠实，那么他们便会言行不一。他们可能今天相信这个，明天又相信那个。你永远不知道他们相信什么，就连他们自己也未必清楚自己相信什么。你明明与他们相约去某个地方，可一旦受到干扰，他们便会爽约。他们常常改变主意，你永远也不知道他们持何种立场，所以也不会再信任他们。

反之，你会非常清楚忠实的人的立场，也知道自己能够信任他们。从他们日常生活中的表现你就可以了解他们的信念。你相信他们能够信守约定。不论受到什么干扰，忠实的人总能完成既定任务。他们也是最忠实的朋友。

一旦和他们成为朋友，就会是永远的朋友。

怎样做到忠实？

忠实意味着你要信守承诺。你只承诺自己能做到的事情。如果你对别人说要做什么事情，就一定要完成，即使后来你更愿意去做其他事情。

忠实地对待工作，指你要尽力把工作做得尽善尽美，而且要如期完成。

若要培养忠实的美德，你可以试着去了解自己的信念，对它提出质疑并寻找答案。随着你的信念逐渐变得坚定，你就可以忠实地践行自己的信念。

如果你的信念面临挑战，请听从自己的内心。要知道，信念若经不起考验则不能称为信念。只有当你的信念经受住了考验，它才会变得更加坚定，而且你还会发现这些信念始终是正确的。

忠实地对待某种关系，意味着你要忠诚。你不会在背后议论人。如果你受到了伤害或很生气，你可以直接找伤害你或让你生气的人，和他们面对面理论。你不会因为结交了新朋友而抛弃老朋友。

相反，你会让自己的朋友圈不断扩大。

◉ 如果发生以下情况，应如何做到忠实？

　*你告诉爸爸你马上就回家，但你却很想和朋友们一起去玩

　*你对自己的信念有所怀疑，因为你崇拜的人与你的看法并不一致

　*你交的一个新朋友试图说服你抛弃老朋友

　*你的作业还未完成，但是你却不想做了

　*你答应家人每周六做一项家务

成功的标志

◉ 恭喜你! 如果你做到下面几条，就说明你是个忠实的人。

　*当信念受到挑战，你能听从自己的内心

　*只承诺可以做到的事情

　*确保自己言行一致

＊信守约定

＊全心全意完成工作

＊对朋友和家人忠诚

＊当面解决问题

● 如果出现以下情况，你还得继续努力。

＊认为什么事情都不重要

＊不假思索就接受某种信念

＊如果信念面临挑战就改变信念

＊言行不一

＊在背后议论他人

＊不能信守承诺

＊总是草草了事

> **★自我激励宣言★**
>
> 我忠实于自己的信念。我是一个忠实的朋友。我不会在背后中伤他人，而会面对面解决问题。我信守承诺，言出必行。

No.15
灵 活

> 穷则变，变则通，通则久。
>
> 力能则进，否则退，量力而行。
>
> ——《周易》
>
> ——左丘明《左传》

什么是灵活？

灵活是能够根据需要做出改变。在我们的生活中，总会发生很多意想不到的事情。已经发生的事情无法改变。当令人沮丧的事情发生时，这也许正在向我们传递这样一种信号，即我们需要改变方法或在某些方面进一步提升自己的能力。灵活意味着，你不会因为现实而气馁，而会把困难视为挑战，并愿意做出必要的改变。

灵活意味着你不一定总会按照自己的方法来做事。你乐意倾听别人的意见和感受。灵活的人愿意改变自己的想法。如果一种方法行不通，你会去尝试别的方法。

灵活意味着摒弃坏习惯，并习得好习惯。你会诚实地面对自己，然后决定是否需要调整自己的行为方式。

做出改变并非意味着你要失去自我，而是让你成为更好的自己。

为什么要灵活？

如果你是一个灵活的人，你就会不断调整自己让自己适应环境。你总是能够做出积极的改变。当你愿意改变时，你就能获得更多的成就。你不会一直使用过去的老方法，而是会用更新、更好的方法来完成任务。

遇到困难时，灵活的人会适当让步，然后变得更加强大。他们会不断地学习和成长。

不灵活的人会不断用老方法来做事，而不去尝试他们真正需要的新方法。

不灵活的人显得十分刻板。一旦事情进展不顺利或结果差强人意，他们就会非常难过、沮丧。

不灵活的人往往无法享受惊喜带来的快乐。

怎样才能成为一个灵活的人？

灵活始于意识到自己需要做出改变——可能是你做事的方式需要改变，也可能是你需要培养某种美德。做事时如果某种方法行不通，这也许是敦促你做出改变的信号。如果你生活中的某个方面总是出问题，这也许就是你需要面对的考验，它也许可以为你指明下一步精神成长的方向。

一旦你发现需要改变，想要改变，并决定做出改变，那么你每天所做的一点点小调整，日积月累就能成为大变化。改掉旧习惯，养成新习惯。审视自己的行为，做出必要的改变，然后以另一种新的方式行事。

当你践行灵活的美德时，你会接受那些你无法改变的事情，你不会总是固执己见。你不会试图去控制别人，你很清楚你能控制的只有自己。当你成为灵活的人，你就能够享受惊喜带来的快乐。

● 如果发生以下情况，应如何灵活应对？

　　* 你总是犯同样的错误

　　* 你决定改掉自己的某个坏毛病

　　* 你的家人计划做点儿有趣的事情，但却因故不得不临时取消

　　* 你发现有些朋友开始故意躲避你

　　* 你目前的工作方式效果并不理想

成功的标志

● 恭喜你！如果你做到下面几条，就说明你是个灵活的人。

　　* 愿意改掉自己的坏习惯

　　* 乐于寻求帮助

　　* 试着用创新的方式来做事

＊不会固执己见

＊当有意想不到的事情发生时能够及时做出调整

＊顺其自然，相信一切自有安排

● **如果出现以下情况，你还得继续努力。**

＊认为自己没有任何进步的空间

＊从不愿意改变自己的习惯

＊认为困难是来惩罚自己的

＊墨守成规

＊固执己见

＊意外发生时垂头丧气

＊不喜欢惊喜

★ 自我激励宣言 ★

我是个灵活的人。我愿意通过不断改变来提升自己。我乐意接受新方法。如果遇到困难，我乐于求助并会从中总结教训。我喜欢惊喜。

No.16
宽恕

自出洞来无敌手，得饶人处且饶人。 　　　　　　——善棋道人《绝句》
海纳百川，有容乃大；壁立千仞，无欲则刚。 　　　——林则徐《自题厅事联》

什么是宽恕？

每个人都会犯错。宽恕是不对别人的过错吹毛求疵，能一如既往地爱他们。宽恕并非意味着你所受到的伤害突然间消失了或某个人的错误选择瞬间变正确了，而是你发现自己的内心愿意再给那个人一次机会。

宽恕意味着无论别人犯了多么严重的错误，无论他们曾经伤害你多深，你都能做到不计较，不会以此作为惩罚他们的理由。宽恕意味着你不会因为别人曾经犯下的过错来惩罚他们，即使他们理应得到惩罚。

你甚至可以原谅自己。有时你会后悔做了某件事，希望那件事从未发生过。宽恕自己就是不再因自己做了错事而一味惩罚自己或感到绝望。宽恕就是能够向前看，对自己宽容，并坚信自己能够做出改变。

为什么要做到宽恕？

我们天生拥有自由选择的权利。这意味着我们可以自己决定做好事还是坏事，做正确的事还是错误的事。由于各种各样的原因，人们有时候会做一些错误的或会伤害他人的事情。每个人都会犯错。

有时候我们会在小事上犯错，比如没能做到我们所承诺的事情。有时候则会在大事上犯错，比如撒谎或拿走了并不属于我们的东西。如果那些因此而受伤或感到失望的人宽恕了我们，我们就有了新的机会，可以再次努力去做正确的事情。

宽恕极为重要。如果你做了让自己感到后悔的事情，但你能宽恕自己，那么你就能从自己的错误中吸取教训。无法宽恕自己的人往往也很难宽恕别人。

如果一个人做不到宽宏大量，那么他周围的人就会感到十分痛苦。因为无法做到宽恕的人只会去评价和指责别人，而不会给人改过的机会。

宽恕是鼓励自己和别人更努力地尝试和做出改变的最佳方式。

怎样做到宽恕？

要做到宽恕，可以从承认自己或别人的过错开始。面对事实需要很大的勇气，你会感到难过和生气。但你要直面自己的情绪，然后让它像小溪中的落叶一样漂走。

当你做到了宽恕，你就不会对别人心怀恨意，不会以牙还牙地要报复别人，也不会用责骂的方式来惩罚自己。

面对发生的事，尊重自己的感受，认真思考，然后决定如何改变才能让事情重回正轨。若有人真心悔改，生活会宽恕他们的过错，你同样也可以。

最难以宽恕的，莫过于你一次又一次地犯同样的错误，根本没办法改掉自己的坏习惯。真正宽恕自己是需要行动的，用好习惯来替代坏习惯是宽恕自己的最佳方式。如果有人总是做出伤害你的事情却毫无愧疚之意，那么选择宽恕他们不会有丝毫帮助。你要停止再次给他们伤害你的机会。

如果你犯了错，就要鼓起勇气去改正。宽恕可以让你从错误中吸取教训，有时候这些教训可以成为你最好的老师。

● 如果发生以下情况，应如何做到宽恕？

＊你的朋友不小心摔坏了你最心爱的玩具

＊妈妈接你放学时来迟了

＊你做了让自己感觉很糟糕的事情

＊你的哥哥总是未经你的允许就乱动你的东西

＊有人对你发脾气，后来又向你道歉

成功的标志

◉ **恭喜你！如果你做到下面几条，就说明你已经能做到宽恕了。**

　　* 知道人人都会犯错

　　* 为自己犯的错误负责

　　* 分享自己的感受，而不是选择报复

　　* 不再给那些对你漠不关心的人伤害你的机会

　　* 改正自己的错误，而不是用内疚惩罚自己

◉ **如果出现以下情况，你还得继续努力。**

　　* 害怕正视自己的错误

　　* 评价和指责别人或自己

　　* 报复或心怀恨意

　　* 纵容那些对你漠不关心的人不断伤害你

　　* 对于自己的坏习惯感到无助和绝望

　　* 总是犯同样的错误，从不吸取教训

　　　　　　　　　　★ 自我激励宣言 ★

　　　　我能够宽恕自己和他人。我会从错误中吸取教训。
　　　我有不断完善自我的能力。

No.17
友 好

与人为善 ————《孟子》

有朋自远方来，不亦乐乎？ ————《论语》

什么是友好？

　　友好是对别人感兴趣，待人热情、礼貌。如果你是个友好的人，你就愿意与别人分享你所拥有的。你会分享你的时间，分享你的想法和感受。

　　友好就是尽力让别人感到他是受欢迎的或是让陌生人感到自在。友好意味着你能够与别人同甘共苦。

　　友好就是主动关心别人。友好是治愈孤独的最佳方式。

为什么要成为一个友好的人？

当你表现得友好时，陌生人也会感到宾至如归。友好能使你与别人都远离孤单。无论发生好的事情还是不好的事情，若有人能跟你一起分享或分担，那种感觉都很好。能做到这一点的前提是你得有朋友。

当你有了朋友，你可以选择独处，也可以选择和爱你、关心你的人待在一起。你可以和朋友一起做事，分享彼此的看法。如果你在与别人相处时让对方感到很自在，你就做到了友好。如果你是友好的人，那么除非你想独处，否则你不会孤身一人。

友谊不会从天而降——它是由愿意彼此坦诚相待的人共同建立的。如果你不友好，你就会孤零零的，没有朋友。如果你不友好，人们就会认为你不喜欢他们或不关心他们。

很多人非常害羞，需要一个非常友好的人主动向他们表达善意，这样他们才会感到舒适。友好吸引着人们，让他们相识。如果没有友好，人们只能自我封闭，身边没有亲近的人，也没有可以分享的人。

怎样成为一个友好的人？

友好始于喜欢自己。如果你觉得自己不够好，或者认为自己没有什么可以与人分享的，那么你就不会和人亲近。

当你在学校的走廊上看到其他同学时，你可以友好地对他们微笑，也许他们也会对你微笑。

你可以选一个想认识的人，对他微笑，并跟他打招呼。然后，你也可以问问他的情况，听听他说些什么。

你还可以和他一起做一些事情，并跟他分享你的事情（包括将他介绍给你其他的朋友）。如果你愿意，可以邀请他来你家做客，也可以邀请其他朋友一起来。

下次当你见到某个朋友时，你可以向他表示自己很高兴见到他。然后，你还可以问问他的近况，告诉他你身边最近发生了哪些新鲜事。

当你的朋友情绪低落时，你不要总是尝试让他立刻开心起来。他也许需要一段时间来缓解自己悲伤的情绪，你可以坐在他的身边，让他说说自己难过的原因。

◉ 如果发生以下情况，应如何做到友好？

* 你看到一个刚刚搬到你家附近的小孩
* 你希望能和学校里受欢迎的同学交朋友
* 你的父母邀请了你从未见过的一家人来家里做客
* 你的一个朋友看上去好像刚刚哭过

成功的标志

● 恭喜你！如果你做到下面几条，就说明你是个友好的人。

* 喜欢自己，知道自己有很多东西可以与别人分享

* 对别人微笑，并礼貌地同他们打招呼

* 有勇气介绍自己

* 对别人表现出兴趣

* 主动询问别人的近况

* 当朋友需要你时，可以表现出关心

● 如果出现以下情况，你还得继续努力。

* 不喜欢自己，并认为没有人会喜欢自己

* 不与别人交流自己的思想、感受和观点

* 躲避自己不认识的人

* 所有的事情都独自完成

* 不与别人分享

* 不询问别人的近况，即使他们谈起也不愿意倾听

★ 自我激励宣言 ★

我很友好。我会微笑着和别人打招呼。我会与人分享，并表现出对别人的兴趣。我喜欢自己，我知道自己可以交到新朋友。

No.18
慷 慨

安得万里裘，盖裹周四垠。稳暖皆如我，天下无寒人。 ——白居易《新制布裘》

但愿苍生俱饱暖，不辞辛苦出山林。 ——于谦《咏煤炭》

落红不是无情物，化作春泥更护花。 ——龚自珍《己亥杂诗》

什么是慷慨？

慷慨就是给予和分享。你的馈赠是没有附加条件的，完全是出于自己的意愿，而不是为了获得关注或寻求回报。不求回报也意味着你不会在意别人会如何对待你的馈赠。

慷慨是一种精神品质，是一种知晓万物能充足地供养每个人的意识。慷慨可以让人看到分享的机会，并出于给予的快乐而给予。慷慨是表现关爱的最佳方式之一。

为什么要成为一个慷慨的人？

如果人人都不慷慨，世界将变成一个悲凉之地。需要帮助的人会感觉自己如同乞丐一般毫无自信和尊严。在人人都不慷慨的世界里，每一份馈赠都会带有附加条件。给予者会利用其馈赠作为获取某些东西或操纵某些事情的条件，这并不是真正的给予。

当人们不求回报地给予，甚至做出某些牺牲时，他们的精神就会得到净化和升华。心甘情愿、毫无保留地给予是极富感染力的。如果一个人非常慷慨，他就会打动别人，进而感染别人也变得慷慨起来。这是一种良性的循环。如此一来，每个人都能获得更多。

怎样成为一个慷慨的人？

慷慨始于察觉到那些值得你帮助的个人或群体，他们也可能是你的家人。然后，想想有什么办法可以帮助他们，或者有什么东西可以给予他们。

寻找对你而言有意义并且可以与人分享的东西。你可以分享你的时间、知识、物品或钱财。找到一种恰当的给予方式——让人们感觉他们值得接受你的给予。

不要期盼有任何回报，不要好奇你的礼物会被如何使用，只要给予就好，其他的顺其自然。如此你会感觉甚好，因为你已经慷慨地付出了!

◉ 如果发生以下情况，应如何做到慷慨?

* 一个朋友在你生日后的第二天来找你玩，你刚好有一个新玩具

* 一个曾经损坏你玩具的朋友想要玩你最喜欢的玩具

* 你爸爸正在做饭，需要有人帮忙摆放餐具，而你恰好正在看自己最喜欢的节目

* 你们班上的一个同学忘记带午饭了，而且他也没带钱

* 有人要过生日了，你正在想送他什么

成功的标志

◉ 恭喜你! 如果你做到下面几条，就说明你是个慷慨的人。

* 考虑别人的需求

* 能够注意到需要帮助的人

* 自愿给予，不求回报

* 尽力给予，毫无保留

* 愿意为别人做出牺牲

* 运用智慧去分享珍贵的东西

◉ 如果出现以下情况，你还得继续努力。

* 无法注意到需要帮助的人

* 有人挥霍你的馈赠，但你还是继续给予

* 只愿意将对你而言不重要的东西给别人

＊期待给予后有回报

＊给予别人礼物后很在意别人如何使用它

＊总是提醒别人你帮过他们

★ 自我激励宣言 ★

我很慷慨。我总是寻求给予和分享的机会。我花很
多时间为他人着想。我乐于不计回报、毫无保留地给予。

No.19
温 柔

温柔孝悌，毋骄恃力。

——《管子》

什么是温柔？

温柔是在言行上能以温和、体贴的态度待人。温柔是自我控制，以免伤害或冒犯别人。温柔意味着要非常细心。对人或动物所表现出的温柔，可以体现在你接触他们的方式上，也可以体现在你说话的方式上。温柔待物意味着你要小心，不要让物品受到损坏。

温柔就是要举止轻柔、轻柔地触摸、轻声地说话、友善地思考。

为什么要成为一个温柔的人？

人类是非常敏感的生物。虽然很多东西都非常娇柔、易碎，但其中最脆弱的是人的感情。如果人们能温柔地对待彼此，感情就能得到保护，没有人会受

到伤害。当你温柔、细心地对待物品，就减小了它们被损坏的可能性。当你想变得温柔时，世界会变得更加温柔。

如果不温柔，物品就可能被损坏，感情也可能受到伤害。即便你不是有意为之，你也可能举止粗鲁，或说一些让自己后悔的话。要做到温柔，你必须从思想上变得温柔。否则，你很容易变得粗鲁，太粗鲁的人会吓到或伤到别人。

怎样成为一个温柔的人？

要培养温柔的美德，首先要从内心深处做到不伤害或不冒犯任何事物或任何人。然后要学会控制自己，控制自己的身体、思想和声音。要努力做到细致和谨慎。要注意自己身体、双手和双腿的动作，尽量做到举止轻柔。

在和别人玩耍时，你要确保自己不会伤到别人。在玩玩具时，你要格外小心，别把玩具弄坏。当你说话时，你要用不伤害别人的方式来表达。

当你感到生气或受伤时，不要大发雷霆或伤害别人，用平和的语气把事情说清楚。你要学会控制自己，即使感到生气，也不要伤害别人。

你要让自己的心中充满关爱和友善，人们会从你的眼睛里看到温柔。

● **如果发生以下情况，应如何做到温柔？**

　　* 你想要抚摸或抱起一个婴儿

　　* 你有事想和朋友说，但你觉得这可能会伤害他的感情

　　* 你正在摆放家里最好的餐具

　　* 你放学回家，准备砰地关上门

　　* 你的宠物受伤了，需要被抱回家

　　* 你和朋友摔跤，你的动作过于猛烈

成功的标志

● **恭喜你！如果你做到下面几条，就说明你是个温柔的人。**

　　* 能让你身边的人和动物都感到安心

　　* 轻柔地触摸

　　* 温柔地说话

　　* 平和地表达感情

　　* 感觉自己不够温柔时，停下来冷静一会儿

　　* 温和地思考问题，让自己从内心深处微笑起来

● **如果出现以下情况，你还得继续努力。**

　　* 忘记考虑别人的感受

　　* 大声说话或声音刺耳

　　* 使用东西时不够细心

* 玩耍的时候动作粗鲁

* 常常损坏东西

* 任由愤怒的情绪左右自己，以至于粗暴地对待他人

★ 自我激励宣言 ★

我非常温柔。我能温柔地思考、说话、行动。我关心他人，小心翼翼地使用东西。

No.20
帮 助

> 君子成人之美，不成人之恶。　　　　　　　　　　　——《论语》
>
> 穷则独善其身，达则兼济天下。　　　　　　　　　　——《孟子》

什么是帮助？

　　帮助别人意味着你乐于为别人服务。当你帮助别人的时候，你会做对别人有益的事，使他们的境况有所改变。你可以帮助别人做他们自己无法完成的事情，可以帮他们做他们无暇顾及的事，也可以仅仅做些能让他们的生活更加便利的小事。

　　帮助别人并非要你一直去做别人要求你做的事情，这样只是取悦别人而已。别人想要的对他们来说也许并不是有用的或有益的。帮助是要给予别人他们所需要的，而并不总是他们想要的。

　　你也可以通过满足自己的需求来帮助自己。你可以做些对自己身体有益的事情，比如保持健康的饮食习惯，保证充足的休息并适当锻炼，依据气温适量增减衣物等。

有时候你也会感到无助。这时，你要学会向别人求助。

这也是你的权利。

为什么人们需要他人的帮助？

人们常常需要他人的帮助来满足自己的需要或完成工作。很多事情依靠一个人的力量是无法做到的。如果人们互相不提供帮助，那么合作就无从谈起。

我们都会有需要帮助的时候，我们学习新知识时需要有人指导，我们正在做一项难度较大的工作时，需要借助他人的力量或智慧。有时候，我们需要的可能仅仅是一个可以倾诉的朋友。

当人们乐于帮助他人的时候，他们就会互相关心，让彼此的生活变得更加轻松。他们愿意通过合作来完成工作。

当人们团结起来互相帮助时，伟大的事业才能得以实现。

怎样提供帮助？

你可以通过关注他人的需求来提供帮助。你可以寻找为朋友、家人甚至陌生人提供帮助的机会。当给他人提供帮助时，你不要等他人向你求助，而要主动发现他们的需求，然后帮助他们。

如果你无法看出他人需要什么帮助，可以问问他们："我可以为你做些什么？"或者"今天有需要我帮忙的吗？"

人们（包括你自己）总是需要各种各样的帮助。有时候他们需要体力上的帮助，比如手里拿了太多东西，需要有人帮忙拎包裹，或需要有人帮忙摆放餐具或打扫房间。有时他们需要情感上的帮助，比如需要拥抱、理解和欣赏。有时世界上最好的帮助就是提供愿意倾听的耳朵。

当人们请求帮助时，你要判断他们的请求是否对他们有益，这非常重要。如果答案是否定的，拒绝他们反而是真正的帮助。

当你需要帮助时，一定要向他人求助。

● 如果发生以下情况，应如何提供帮助？

*一个朋友正抱着一大摞书

*到了开饭的时间，妈妈需要一个帮手

*你发现有个朋友看上去很难过

*你最好的朋友问你是否可以把作业借给他抄

*你的小弟弟把奶吐在了地毯上，而妈妈正在另外一个房间里

*一位老人滑倒了

成功的标志

● **恭喜你！如果你做到下面几条，就说明你知道如何帮助自己和他人。**

　　＊注意到有人需要帮助

　　＊别人未开口但你能主动提供帮助

　　＊给予人们所需要的，而不是总给予他们想要的

　　＊在有人需要倾诉时做一个倾听者

　　＊关心自己的需要

　　＊需要时会向他人求助

● **如果出现以下情况，你还得继续努力。**

　　＊做事不考虑别人的需要

　　＊别人让你做什么就做什么，不考虑事情本身对他们是否有益

　　＊忽略他人的求助

　　＊不能给予别人认同和赞赏，不愿做一个倾听者

　　＊无视你自己的需要

　　＊从不向他人求助

> **★自我激励宣言★**
>
> 我乐于帮助他人。我总是设法帮助他人。我关心他人和自己。我能够寻找有用的方式来改善现状。

No.21
诚 实

真者，精诚之至也。不精不诚，不能动人。　　　　　　　　　　——《庄子》

进学不诚则学杂，处事不诚则事败，自谋不诚则欺心而弃己，与人不诚则丧德而增怨。

——程颢、程颐《二程集》

什么是诚实？

诚实就是真诚、坦率、可靠以及真实。诚实的人可以被信任，他们不会撒谎、欺骗或偷窃。如果他们说喜欢你，你知道他们是真心的，因为他们不会为了取悦你或是达到自己的目的而有意这么说。

如果有人看上去很友好，诚实就意味着他们是真的友好，他们只是想和你成为朋友，而不存在其他企图。诚实能让你相信事物都是表里如一的。

诚实就是无论如何都要说真话，即使承认事实会让某些人失望也要坚持这么做。诚实意味着你不会为了给别人留下好印象而夸大事实。

诚实意味着你不会随意承诺。你会言行一致，言出必行。这也可以被称之为正直。

为什么要成为一个诚实的人？

如果一个人有撒谎、欺骗或偷窃的行为，那么他周围的人就无法信任他。如果有人编造谎言来掩盖过错，那么他所犯的错误将很难改正。长此以往，他自己会感觉越来越糟糕。

你听说过虚假广告吗？ 人们通过夸大某些商品的功效来实现销售。你愿意把钱花在这些毫无用处的东西上吗？ 这些商品买回来就像买到了一个根本没法玩的玩具一样。没有诚实，人们就不得不变得多疑。

有时人们对自己也无法做到诚实。他们会假装有些事情无关紧要，但实际上却非常重要——比如伤害了某个人的感情。如果一个人对自己都无法做到诚实，那么他也不会诚实地对待别人。

诚实会阻止你为了达到自己的目的而去欺骗或愚弄别人。诚实也能够帮助

你不去愚弄自己。如果你能诚实地面对自己，那么你便拥有了改正错误的机会。如果你能诚实地对待别人，他们便知道你值得信任。

怎样成为一个诚实的人？

请做到言行一致。避免欺骗——不要愚弄别人，也不要让别人愚弄你。

请说出内心的真实想法。如果你要完成某件事情就尽力去做，不要拿自己没有做过的事情去邀功请赏。不要仅仅为了给别人留下好印象而去说一些话或做一些事。你不需要通过编故事来装扮自己——做自己就好，诚实就好！

只承诺你能做到的事情。让自己的一切行为都值得信任，不要撒谎、欺骗或偷窃。

你可以发挥想象力，但不要让它阻碍你说出事实。

无论如何都要说真话。如果你犯了错，就承认错误，这是改正错误最好的办法。诚实地面对自己，这样你才能一直诚实地面对他人。

● 如果发生以下情况，应如何做到诚实？

  * 你把妈妈最喜欢的东西弄坏了，担心她生气

  * 为了让朋友们印象深刻，你在吹嘘自己在某场体育比赛中表现得多么出色

  * 姐姐问你她的新裙子好不好看，而事实上你认为并不好看

  * 你在生气时对别人说了一些很粗鲁的话，然后告诉自己他活该

  * 你忘记做一项很重要的家庭作业，而老师正好让你交作业

  * 一些朋友怂恿你去商店偷些糖果

成功的标志

● **恭喜你！如果你做到下面几条，就说明你是个诚实的人。**

* 说出自己真实的想法

* 做自己能够遵守的承诺

* 承认自己的错误

* 巧妙地说出真话

* 拒绝欺骗、偷窃或撒谎

* 对自己诚实，做自己认为正确的事情

● **如果出现以下情况，你还得继续努力。**

* 撒谎、欺骗或偷窃

* 认为必须夸大事实才能显得自己重要

* 掩盖自己所犯的错误

* 承诺做某事，结果忘记了

* 愚弄自己，或放任别人愚弄你

* 不带善意或是没有任何技巧地说出实情，伤害别人的感情

> ★ 自我激励宣言 ★
>
> 我是个诚实的人。我很正直。我能够善意地、巧妙地说真话。我不需要通过说假话去刻意给别人留下好印象或附和别人。我会做自己认为正确的事情。

No.22
荣誉感

仁则荣，不仁则辱。

——《孟子》

先义而后利者荣，先利而后义者辱。荣者常通，辱者常穷。

——《荀子》

什么是荣誉感？

荣誉感就是尊重自己认为正确的事物，就是遵照美德生活，不辜负自己的天赋。当你有荣誉感时，你就树立了一个良好的榜样，值得他人尊重。

我们每个人生来都被赋予了荣誉感。但是，很多人却不断做出错误的选择，放弃了属于自己的荣誉感。

你一旦有了荣誉感，就不会因为自己是谁或正在做什么而感到羞愧。你会为自己做出的选择感到自豪。

有荣誉感的人，无论别人怎么做，他都会坚持做正确的事情，也会因此显得与众不同。荣誉感是一条正直之路。

为什么要培养荣誉感？

没有荣誉感的人会做出不当的行为，会让自己和别人都感到羞愧。做了错事的时候，他们不会努力去纠正错误，而会一错再错。没有荣誉感的人不在乎任何美德。他们为所欲为，根本不顾及事情本身的对错。别人不会尊重他们，也不愿意和他们在一起。

相反，如果一个人有了荣誉感，别人会相信他一定会尽全力将事情做好。他能够做到一诺千金，答应的事情一定会做到。这样的人自然受人尊敬，也值得信赖。

怎样培养荣誉感？

如果你有荣誉感，那么你就会去做正确的事情，会遵守自己的约定。你一旦答应做某事，不需要别人提醒或者催促就能做好。你会尊重自己的长辈，同时，你也会尊重自己。

当你想做一个拥有荣誉感的人时，你就会意识到自己生来尊贵，你有能力去践行所有的美德。一个人是否高尚，完全取决于自己。当你拥有荣誉感时，你就会尊重你自己，就会努力去践行自己拥有的所有美德。

当怀着荣誉感去做事时，你就能为其他人树立良好的榜样，你这样做并非为了获得别人的崇拜，而是因为这样做是正确的。

● **如果发生以下情况，应如何做到有荣誉感？**

　　＊朋友告诉了你一个秘密

　　＊妈妈要求你做某件事时，你很不高兴

　　＊有人想让你从商店偷一些糖果

　　＊你在学校走廊上发现了一些钱

　　＊操场上大家都在欺负一个孩子

　　＊父母出门了，但你保证过自己会在家练琴

成功的标志

● **恭喜你！如果你做到下面几条，就说明你已经具备荣誉感了。**

　　＊相信自己生来高贵

　　＊言出必行

　　＊与别人说话时恭敬有礼

　　＊无论如何都做自己认为正确的事情

　　＊为别人树立良好的榜样

　　＊避免做出令自己羞愧的事情

● **如果出现以下情况，你还得继续努力。**

＊认为自己不值得被尊重

＊无法遵守约定

＊说话时很无礼

＊犯了错误后希望不被发现

＊没做让人羞愧的事情，却感到羞愧

＊自暴自弃

★ 自我激励宣言 ★

我有荣誉感。我能够信守承诺，并尊重他人。我能够在美德的指引下生活，并努力做正确的事情。

No.23
谦 虚

三人行，必有我师焉。 ——《论语》
江海之所以能为百谷王者，以其善下之，故能为百谷王。 ——《老子》

什么是谦虚？

当你拥有谦虚的美德时，你就不会认为自己比其他人更重要。你会乐于帮助人，并将别人的需求看得同等重要。当你变得谦虚时，就不会苛责别人，亦不会苛责或为难自己。谦虚能够让你明白，生活是为了学习，无论自己知识多么渊博，仍然有进步的空间。谦虚意味着你不会奢求完美。如果犯了错，你愿意从中吸取教训。如果需要帮助，你也不会因为过于骄傲而耻于求教。

谦虚是竭尽全力做事，且不会哗众取宠。它不为取悦别人而努力，而只是因为自己需要而努力。

为什么要成为一个谦虚的人？

谦虚十分重要，因为它能让你专注于自己的成长而非别人的过错。如果你一味取悦别人，他们就会要求你遵从他们的意愿，你就会失去自我。

谦虚能帮你从错误中吸取教训，而不仅仅是感到羞愧。谦虚能让你平等待人。人人各有不同，但人人平等。谦虚能让你看到别人的闪光点，并不断学习。

谦虚能让你摒除偏见，不随意评判他人。

怎样成为一个谦虚的人？

若要培养谦虚的美德，就不要过于在意别人对你的看法，无论这看法是好还是坏。不要把自己的精力浪费在取悦别人上，你只需尽力去做好自己。

谦虚能让你意识到每个人都是平等的个体——虽然各有不同，但都生而为人。你不用浪费时间去琢磨哪个人更重要，也不用费心和别人攀比。相反，你

要努力去完善自己。当你完成了一件了不起的事，谦虚会提醒你应该心怀感激，而不是四处去炫耀。

当你做到谦虚时，你就不会害怕在必要时向别人求助。每个人都有需要他人帮助的时候。

当你做到谦虚时，你也不会太在意自己的错误。相反，你会乐于从错误中吸取教训。你会专注于自己学到的，而不是已经做过的。如此一来，你在一生中就会不断成长，而不会认为自己已经学到头了。

◉ 如果发生以下情况，应如何做到谦虚？

* 你发现自己比朋友跑得快

* 你发现朋友的学习成绩总是比你好

* 你犯了个大错，也伤害了某人的感情

* 你的弟弟或妹妹做了一件家务，而你认为他们本应做得更好

* 你犯过的"最好的"错误是什么——就是说，你从哪个错误中学到的东西最多

成功的标志

◉ 恭喜你! 如果你做到下面几条，就说明你是个谦虚的人。

* 清楚每个人的贡献

* 从自己的错误中吸取教训

* 需要帮助时会寻求帮助

* 做事力求尽善尽美，是出于对自己的要求，不是为了取悦别人

* 对于自己的成就，心怀感激而不是到处炫耀

◉ 如果出现以下情况，你还得继续努力。

    * 认为有人生来就比别人优秀

    * 随意评判自己或别人

    * 与别人攀比

    * 觉得自己比别人更好或更差

    * 做事是为了取悦别人

    * 吹嘘自己的成就

★ 自我激励宣言 ★

我很谦虚。我能够从错误中吸取教训。我不去评判别人或自己。我一直在努力让自己不断成长。

No.24
理 想

志当存高远。

丈夫志四海，万里犹比邻。

——诸葛亮《诫外甥书》
——曹植《赠白马王彪》

什么是理想?

一个拥有崇高理想的人会关心生活中什么是正确和真正有意义的事情。当你心怀理想时，你就拥有了对自己而言有意义的信念，并会遵循它们。你不会满足于现状。

你如果心怀理想，就会相信这个世界可以变得更好。你会对此坚信不疑，并愿意为之努力。当你遇到问题，比如看到有人挨饿或有人受到不公正的待遇时，你不会坐视不理，而会想办法去解决。

心怀理想的人敢于拥有远大的梦想，并竭尽全力去实现它。他们若想做某事，就会付诸行动。

心怀理想并不意味着你是个空想家。空想家仅仅幻想事情会变得更好，而心怀理想的人则会用实际行动来让事情变得更好。

为什么要成为有理想的人？

如果没有理想，人们的生活就会变得平淡无味，似乎一切都无关紧要。他们会没有梦想，对于发生的事情只能逆来顺受。

没有理想的人不会努力去改变现状。没有理想，一切只能维持现状。没有理想的人不会去想怎样才能让世界变得更好，甚至连这种可能性都不会去想。他们最多只是希望事情不会变得更糟。他们不会试图去改进，也不会进步或成长。除非人们拥有理想，否则当不好的事情发生时，他们就会放任不管，并对此无能为力。如此一来，人们只会越来越气馁、越来越灰心。

如果你拥有了理想，你就知道，明天一定会更好。你知道什么是你能够做到的，并会努力让其成为现实。

怎样成为有理想的人？

理想始于你对未来的愿景，是将美好的可能形象化。理想可以是你长大后的样子，然后你决心让自己成为理想中的样子。你可以看看自己现在在哪里，你想要到达的地方在哪里，然后制订计划让自己到达那里。成就伟大事业的人往往是从拥有理想开始的。

你也许想有一个理想的朋友。他可能是一个能够与你共度时光、陪你一同玩耍的完美伙伴。实现这一愿望的最佳方式就是付诸行动，使之成为现实。你可以每天努力先成为别人眼中理想的朋友。这样一来，你的愿望也许会实现。

通常人们总会对你说，你的梦想不切实际。你如果是一个心怀理想的人，就会制订好计划，无论如何都坚持不懈、锲而不舍。

你要确保自己言行一致。例如，你不要嘴上说爱好和平，但实际上却随意攻击身边的人。在生活中遵循美德做事是让自己梦想成真的妙方。

● 如果发生以下情况，应如何做到有理想？

　　* 你希望学校能够消除偏见

　　* 别人告诉你，你的梦想不切实际

　　* 你想为妈妈制作一件理想的礼物

　　* 你对达成某个目标没有信心

　　* 你梦想成为一名伟大的音乐家

成功的标志

● 恭喜你！如果你做到下面几条，就说明你是个有理想的人。

　　* 关心生命中真正有价值的东西

　　* 勇于怀抱宏大的梦想

＊能够预见可以实现的梦想

＊有一项让理想变为现实的计划

＊以实际行动改变现状

● **如果出现以下情况，你还得继续努力。**

＊安于现状

＊对任何事情都漠不关心

＊认为拥有梦想和理想是愚蠢的

＊轻易放弃自己的信念

＊对世界和生活没有任何愿景

＊在重要的事情上总是附和别人

★自我激励宣言★

我能够实现自己的理想。我言行一致。我相信自己
的梦想，并坚信一切皆有可能。

No.25
快 乐

学而时习之，不亦说乎？有朋自远方来，不亦乐乎？

——《论语》

一箪食，一瓢饮，在陋巷，人不堪其忧，回也不改其乐。贤哉，回也！

——《论语》

云淡风轻近午天，傍花随柳过前川。时人不识余心乐，将谓偷闲学少年。

——程颢《春日偶成》

什么是快乐?

快乐是内心充盈着欢乐、平和、爱和幸福感。快乐蕴藏在我们每个人的心中。它源于被爱的感受，源于对生命恩赐的感激。我们如果做正确的事，就会感到快乐。快乐与乐趣有相同之处，但又不尽相同。乐趣源于外在，比如度过了一段愉快的时光，而快乐则源于一个人的内心。

无论外界发生了什么，快乐总是源于人们的内心。你可以将这种内心的快乐投入到你所做的任何事情中。无论是做家务还是做作业，甚至是做一项索然无味的工作，你都能够自得其乐。你如果找到了内心的快乐，就可以让枯燥的工作变得有趣。

快乐是内心的感觉，它能够支撑你渡过难关，甚至在你感到悲伤时，也能让你得到安慰。

为什么要成为一个快乐的人？

如果没有内心的快乐，你所有的感受都会受外界的影响。如果事情进展顺利，你会感觉良好。而一旦事情进展不顺利，你就会觉得很糟糕，心情也会随之起起伏伏，心里忐忑不安。如果缺少内心的快乐，你就会被来自外界的痛苦和喜悦所左右。如果没有内心的快乐，当外在的乐趣消失后，你的幸福感也就结束了。如果没有内心的快乐，你的忧伤就会愈发沉重。

如果你拥有了快乐，无论发生好事还是坏事，你的内心都能保持平静和淡定。你总能充满安全感，并得到爱护。当你受伤时，你自然会感到悲伤。但如

果你能够发掘内心快乐的源泉，忧伤就不会越来越沉重，而是会慢慢地消散。

怎样成为一个快乐的人？

快乐源于你的精神，也就是你的内心。你要清楚地认识到，生活是一种馈赠。

不论做什么，你都应该怀着快乐的心情去做。有好事发生时，尽情享受欢乐；有不好的事情发生时，任由忧伤袭来，再任由它消散，并从这些事情中寻找受益点——这会让我变强大吗？我能否学到新东西？

快乐伴随着欢笑而生。幽默感是快乐的重要源泉。

即使世事艰难，也要去感受自己内心的平静和快乐。艰难的时刻总会过去。记住，从出生开始，你就一直被爱着。

◉ **如果发生以下情况，应如何做到快乐？**

＊你的父母让你去清理车库

＊你很喜欢的一个朋友搬走了

＊你有一项很难完成的家庭作业

＊你花了一些时间来思考自己的生活

＊你感到难过和沮丧

成功的标志

◉ **恭喜你！如果你做到下面几条，就说明你是个快乐的人。**

＊寻找自己内心的快乐

＊相信自己一直被爱着

＊享受自己正在做的事情

* 感恩生活的馈赠

* 感谢自己的天赋

* 即使遇到困难，也能感受到内心的平和

* 笑口常开

● 如果出现以下情况，你还得继续努力。

* 总是从外界寻找乐趣和幸福

* 只有一帆风顺时，才能享受生活

* 忘记感谢生活的馈赠

* 当事情进展不顺利时，感到非常难过，但无法从中吸取任何教训

* 经常沉浸在负面情绪中

* 总是眉头紧锁

★自我激励宣言★

我感谢自己内心的快乐。我很享受我的工作。我感恩今天我所拥有的一切。

No.26
正 义

不义而富且贵，于我如浮云。

宁以义死，不苟幸生。

粉身碎骨全不怕，要留清白在人间。

——《论语》

——欧阳修《纵囚论》

——于谦《石灰吟》

什么是正义？

正义是做任何事情都保持公正，要眼见为实，而不依据道听途说对某人或某事进行评判。

正义意味着人人都能得到他们应得的。每个人都能公平地获得他们应得的一份。如果有人做错了事情，他们就应该承担后果或接受惩罚，这样他们下次才会记住应该怎么做。如果有人做了正确的事情或取得了进步，他们就应该被肯定。

正义是维护自己和他人的权利。如果有人利用了你，你就不能任由他们继续这样做。如果有人伤害了你，制止他们继续这样做才是正义的举动。恃强凌弱从来都不是正义的举动。正义意味着每个人的权利都应该得到维护。

当做到正义时，你会把每个人都当作独立的个体来对待，不会把他们分成三六九等，而会对他们一视同仁。

为什么要心怀正义？

如果没有正义，伤害他人或利用他人的人就会逃避责任，从而继续为所欲为。如果没有正义，世界就会变得残酷而危险，那些无辜的人，比如孩子，就会遭受无妄之灾。有钱有势的人或许可以摆脱厄运，但穷苦的人根本无法逃脱，所以我们需要正义来维护每个人的权利。

当正义得以实现，人们就可以获得自己应得的待遇。他们如果为了挣钱而工作，就会获得相应的报酬。

他们如果做了好事，就会得到认可和回报。他们如果受到指控，也可以得

到陈述事实以及被公正聆听的机会。

当人们做到正义时，他们不会因为外貌、语言或文化背景的不同而将自己与他人区分开来。每个人都有展示自我的机会。

如果有了正义，每个人都能得到自己应得的一份。

怎样做到心怀正义？

要做到正义，你必须亲自考察事情的真相，他人的话仅仅是他们的个人观点。你要用自己的眼睛和耳朵见证事实，独立思考。

当做到正义时，你会摒除偏见，将每个人都视为独立的个体。你不会因为他人的性别、胖瘦、贫富等而影响自己的决定。

当做到正义时，你会承认自己的错误并承担后果。你还会与他人分享，这样每个人都可以享有一份。

当做到正义时，你不会在他人的背后议论是非，因为此时他们无法从自己的角度来进行辩解，这样就有失公正。如果你和某人发生了矛盾，你应该直接找到他，然后当面解决问题。

当做到正义时，你会维护自己和他人的权利。你无法接受霸凌、偷窃或撒谎的行为。捍卫正义是需要勇气的，在这个过程中你有时难免会孤军奋战。

● 如果发生以下情况，应如何做到心怀正义？

　　* 你和一群人在一起时，他们在背后议论是非

　　* 大家在欺负一个肤色不同的小孩

　　* 一个年纪比你大的孩子欺负你

　　* 你的房间少了某样东西，你认为是弟弟拿的

　　* 在生日派对上，你要切蛋糕了

成功的标志

● **恭喜你! 如果你做到下面几条，就说明你是个心怀正义的人。**

　　＊独立思考

　　＊自己去寻找事情的真相

　　＊不在背后议论是非

　　＊不带任何偏见，平等待人

　　＊承认自己的错误并勇于承担后果

　　＊与他人平等分享

　　＊维护自己和他人的权利

● **如果出现以下情况，你还得继续努力。**

　　＊盲目地追随他人的思想

　　＊在背后议论是非，而不当面解决问题

　　＊带有偏见地看待他人

　　＊看到有人被欺负就立刻躲避

　　＊承认自己的错误但试图逃避责任

　　＊根据他人的外表或财富而区别待人

★ 自我激励宣言 ★

　　我是一个心怀正义的人。我会自己去寻找真相，并形成自己独立的看法。我不会在背后非议或中伤他人。我会维护自己和他人的权利。

No.27
善 良

上善若水，水善利万物而不争，处众人之所恶，故几于道。　　　　——《老子》
故君子莫大乎与人为善。　　　　　　　　　　　　　　　　　　——《孟子》

什么是善良？

善良是关心他人，表现为你在意遇到的所有人或物，因为你知道一切存在皆有意义。你可以对人表现出善意，也可以对动物或周围的环境表现出善意。善良意味着你关心他人和这个世界，如同关心自己一样，甚至超过了关心自己的程度。

善良表现在让人们的生活变得更美好的细节上，表现在你花时间照看动物以及关心地球环境的日常行为上。善良就是关爱失落的人或需要帮助的人。

为什么要成为一个善良的人？

如果没有善良，当人或动物需要帮助时，就不会有人伸出援助之手。如果没有善良，每个人都只会自扫门前雪，世界就会变成一个孤独的地方。当有人善意地向别人伸出援手，实际上对于他们双方都是有益的。世上万事万物都是相互关联的。如果我们对这个世界不友好，我们自身也会受到影响。

人类的自私和对地球缺乏善意的行为，已经对空气、水和土壤造成了污染，这反过来也给人类和动物的生活带来了烦恼。善良可以让我们感受到自己和其他事物之间的联系，可以让我们每个人的生活都变得更加美好。

怎样成为一个善良的人？

要做到善良，你必须留意那些需要关心的人或物，体贴地对待自己周围的

世界。你要发挥想象力，想象那些能给他人（包括你的父母、朋友、老师、兄弟姐妹，甚至是那些你并不熟悉的人）带来快乐的事情。你还要搞清楚哪些习惯对环境有害，哪些习惯对环境有利，然后选择更好的行事方式。

在你忍不住想变得冷酷无情，想批评或取笑他人的时候，你要下决心不这么做（哪怕对自己的兄弟姐妹也不行！）。你要接受与众不同的人（包括残疾人），不能无视或嘲笑他们。当你做到了善良，你也会照顾好自己的宠物。

● 如果发生以下情况，应如何做到善良？

* 你们班来了个新同学，他看上去很孤单

* 你开始嘲笑自己的弟弟，他变得沮丧起来

* 和你一起玩的孩子在嘲笑一个长着大耳朵的男孩

* 你的宠物身上出现了跳蚤

* 你的妈妈最近看上去很疲惫

成功的标志

● 恭喜你！如果你做到下面几条，就说明你是个善良的人。

* 给沮丧或需要帮助的人温柔的关爱

* 做能让他人幸福快乐的事情

* 培养对保护地球环境有益的习惯（节约、重复利用、回收利用等）

* 防止自己在言行上表现得冷酷、刻薄

* 接受与自己不同的人

* 好好照顾宠物

* 记住自己与周围一切事物都有联系

● 如果出现以下情况，你还得继续努力。

＊ 总是把自己放在第一位

＊ 对他人的需要毫不关心

＊ 不去想自己能为保护环境做点儿什么

＊ 嘲笑他人或搞恶作剧

＊ 无视或取笑与自己不同的人

＊ 伤害动物

＊ 忽视自己的宠物

＊ 忘记自己是大自然的一部分，大自然中所有的一切都应该被温柔以待

★ 自我激励宣言 ★

我很善良。我会寻找帮助他人的方式。我对遇到的任何人或动物都会表现出善意。我会竭尽所能保护地球。我知道自己与大自然中的一切事物皆有联系。

No.28
爱

仁者以其所爱及其所不爱，不仁者以其所不爱及其所爱。　　　　　——《孟子》

若使天下兼相爱，爱人若爱其身，犹有不孝者乎？　　　　　　　——《墨子》

什么是爱？

爱是关心他人，想接近他人，并与之分享。爱是一种吸引力，是一种能使你的内心充盈的特别的感觉。关爱他人意味着你会格外关心和善待他人，因为他们对你非常重要。

你可以通过微笑、令人愉悦的说话方式、体贴的举动或拥抱来表达爱。

爱是设身处地为他人着想，关心他人的感受，接受他人原本的样子。你甚至可以爱陌生人，只要关注他们的遭遇，就可以把爱传递给他们。

爱就是用你希望他人对待你的方式来对待他人——也就是对他人要表现出关心和尊重。

为什么要成为一个有爱的人？

如果没有爱，人们就会感到孤单。当人们感到自己对任何人而言都不重要时，他们就会变得不开心。有时他们还会发脾气，对他人漠不关心。他们不允许别人靠近自己，难以与人分享，也难以信任别人。

每个人都希望被喜欢，都渴望被爱。当你爱别人时，别人会觉得自己很重要。当别人知道自己被爱时，他也会变得更加友好和善良。爱是具有感染力的，它会不断蔓延。如果你爱他人，他人也会爱你。如果你爱自己，你便有更多的爱能去给予。

怎样成为一个有爱的人？

要成为有爱的人，你自己要先去感受爱。有时候，爱就是这样自然而然地来的。你可能正在观察一只小鸟，正在看着你的妈妈，或在注意一个新来的人

并很想和他交朋友，表现出关心就是爱的一种表达方式。你可以通过做各种各样体贴的小事来表达爱。

分享也是爱的一种表达方式。你可以分享你的物品、时间，还可以分享你的想法、感受、观点等。

爱就是对他人表示同情，祝福他们能够拥有自己所期望拥有的。想想你希望他们如何对待你，然后以这种方式来对待他们。自爱的人很容易做到这一点。当你试着去爱他人时，你就会对自己和他人都报以宽容和善意。

● **如果发生以下情况，应如何做到心中有爱？**

  ＊你开始对自己做过的某件事情感到不安

  ＊爸爸生病时，你想为他做一件体贴的事情

  ＊有个孩子行为古怪

  ＊你发现有一只小鸟从窝里掉了下来

  ＊你很喜爱自己的老师，并想表达出来

成功的标志

● **恭喜你！如果你做到下面几条，就说明你是个心中有爱的人。**

  ＊用希望他人对待自己的方式去对待他人

  ＊言语中充满善意和关爱

  ＊做能够给别人带来快乐的事

  ＊分享你所拥有的物品

  ＊能够表达自己的情感

  ＊关心他人

  ＊用爱的方式来思考

◉ 如果出现以下情况，你还得继续努力。

* 自我感觉很糟——认为自己没有什么可给予他人的

* 有意躲避他人，尽可能少为他们做事

* 不考虑他人的需要或感受

* 说话或做事刻薄、不友好

* 从不表达自己的情感

* 无法原谅自己或他人

★ 自我激励宣言 ★

我是一个有爱的人。我会通过体贴的举动、友好的话语以及情感来表达爱。我会用希望他人对待我的方式去对待他人。我爱这个世界上的一切，包括我自己。

No.29
忠 诚

亦余心之所善兮，虽九死其犹未悔。 ——屈原《离骚》

苟利国家生死以，岂因祸福避趋之。 ——林则徐《赴戍登程口占示家人二首》

什么是忠诚？

忠诚是忠于自己的家庭、国家、朋友或理想。

忠诚是无论境遇好坏，你都会坚定地支持某个人或某项事业。如果你是一个忠诚的朋友，即便有人令你失望或伤害了你，你依然会对他不离不弃。

当做到忠诚时，你就不会时常改变。你会忠于某人或某事，除非你有理由相信你的忠诚遭到了背叛。忠诚是以承诺为基础的——你做出了承诺，并打算永远信守承诺。

当做到忠诚时，你的朋友和家人就会知道，无论如何你都会支持他们。当你对别人许下承诺时，别人就会知道没有什么能够在你们的关系间构成障碍。

为什么要成为一个忠诚的人？

如果没有忠诚，人们就会像换衣服一样，频繁地改变自己的承诺。他们今天会忠于这个承诺，明天又会忠于那个承诺。你无法信任不忠诚的人，因为一旦境况变得糟糕，他们便会离你而去，那些希望获得支持的人就会遭到背叛。不忠诚的人承诺自己会一直都在，但可能第二天你就看不见他们的踪影了。

当你成为忠诚的人时，人们就知道他们可以信任你。那些值得你对之忠诚的人也可以确信，他们永远都不会孤立无援。当你成为忠诚的人时，你就能够建立持久的友谊。

怎样成为一个忠诚的人？

你可以通过对某个人或某个理想做出承诺来做到忠诚。你必须非常谨慎地做出承诺，因为如果你是一个忠诚的人，你就得长时间信守自己的承诺。同时，

你要确定这个人或这个理想是否值得你一直对之忠诚。如果有人动机不良试图利用你的忠诚或者背信弃义，你就要判定一下自己是否要继续对他忠诚。

忠诚是坚定自己所相信的或关心的，是守护你所信任的人或事。如果你是一个忠诚的人，无论境遇如何，你都会对你所信赖的人或事业给予支持。

如果你对自己的家庭忠诚，那么当有人不公正地对待你的兄弟姐妹时，你就会站出来保护他们。如果你是一个忠诚的人，你就值得别人信任。

● 如果发生以下情况，应如何做到忠诚？

* 一个朋友试图挑拨你和另外一个朋友之间的关系

* 有人邀请你加入他们的团队但不想让你的朋友参加

* 你喜欢的某个人对你说，如果你是他真正的朋友，就要为他撒谎

* 有人当着你的面取笑你妹妹

* 一个朋友怂恿你从妈妈的钱包里"借"些钱

成功的标志

● 恭喜你! 如果你做到下面几条，就说明你是个忠诚的人。

* 支持自己信任的人

* 除非有充足的理由去改变，否则会信守自己的承诺

* 不让盲目的忠诚使自己陷入麻烦

* 不让其他人挑拨你和你在意的人（或物）之间的关系

* 无论受到何种威胁，都会保护自己所忠于的对象

● 如果出现以下情况，你还得继续努力。

* 认为没有什么人或事值得你信守承诺

* 一旦遇到更有趣的人，就会离开以前的朋友
* 你是一个能同享福却不能共患难的朋友，每当遇到困难你就会选择放弃
  友情
* 随心所欲地改变承诺
* 对不值得的人或事盲目忠诚
* 在别人背后说闲话

★ 自我激励宣言 ★

　　我忠于自己在意的人。无论境遇好坏，我都是个可靠的朋友。我忠于自己认为正确的事情。我不允许盲目的友谊为我带来麻烦。

No.30
怜 悯

侧隐之心，人皆有之。 ——《孟子》

人之困穷，甚如饥寒，故贤主必怜人之困也，必哀人之穷也。 ——《吕氏春秋》

什么是怜悯？

正义是给予人们他们应得的，而怜悯则是给予人们超出他们应得的。怜悯是发自内心的一种品质，意味着以同情和宽恕待人。如果你有怜悯之心，那么即使你受到了伤害也愿意去原谅别人。

怜悯意味着你愿意重新开始，愿意抹去所有的过错和伤害，并给别人一次改过自新的机会。我们天生就蒙受怜悯，这让我们拥有了很多的祝福和从错误中吸取教训的机会。

怜悯意味着你能感受到别人所承受的痛苦，并愿意伸出手帮助他们。怜悯是一种祝福。当你对别人表现出怜悯时，实际上你也把你的温情赠予了别人。

为什么要成为一个有怜悯之心的人？

如果没有怜悯，世界将变得冷酷无情。人人都会犯错，但如果没有怜悯，我们一旦犯了错误就会受到惩罚，即使有时并非有意为之，仅仅是意外。如果没有怜悯，我们就只愿意去做那些能给我们带来好处的事情。人们在做善事之前可能会问："呃……你真的值得我这么做吗？"如果没有怜悯，当我们伤害了某个人时，我们就永远不可能有弥补的机会。

当我们做到怜悯时，若有人犯了错误或伤害了他人，我们就会给他们改正的机会。我们会原谅彼此，我们之间的关系永远也不会被破坏。

当我们对他人怀有怜悯之心，我们也会得到他人的怜悯。我们应主动向他人表达关心和爱，而不是等到他们努力争取时才表现出善意。怜悯可以带来一种亲切感，这种亲切感能够让我们彼此都感到安心。

怎样成为一个有怜悯之心的人？

要做到怜悯，你就要设身处地为他人着想。尤其是当他们做了伤害你或打扰你的事情时，你可以设想一下你自己做错事时是什么感受，希望别人如何对待你。当有人犯了错误，特别是他们并非有意为之时，选择善待并原谅他人是体现怜悯的好方法。

如果有人做错了事，而你想要给予怜悯时，首先要确定怎样才能公正地处理此事。然后你再来决定，是让他承担其行为的后果，还是给他一次改过的机会。当一个人必须经过公正的处理才能吸取教训时，怜悯对其并无益处。

如果你被他人的遭遇所触动，即使你根本不认识他们，也可以对他们表现出怜悯，并尽己所能去帮助他们。

● **如果发生以下情况，应如何做到怜悯？**

    ＊ 朋友不小心弄坏了你最心爱的玩具

    ＊ 排队的时候，有人踩了你的脚

    ＊ 你听说有的孩子吃不饱饭

    ＊ 你的爸爸或妈妈最近脾气不太好

    ＊ 一个小孩已经第10次要绊倒你

    ＊ 学校的一个朋友忘记带午饭

成功的标志

● **恭喜你！如果你做到下面几条，就说明你是个有怜悯之心的人。**

    ＊ 知道他人应该获得什么，并选择给予他们更多

    ＊ 当有人犯了错误，可以给他们改正的机会

    ＊ 不计较他人曾经犯的错误

＊设身处地为他人着想

＊当有人遇到困难时，你的内心会被触动，会对他们伸出援手

● 如果出现以下情况，你还得继续努力。

＊不理解正义和怜悯的区别

＊对人总是有罪必罚，心怀怨恨

＊锱铢必较

＊别人从你这里想获得任何东西都必须要争取

＊苛责贫穷或身处困境的人

＊有人反复、故意地伤害你，而你却一再给他们改过的机会

★ 自我激励宣言 ★

我对人有怜悯之心。我会设身处地为他人着想，并尽力帮助他人。当他人犯错误时，我会给予他们改过的机会。我会听从自己的内心。

No.31
适 度

甚爱必大费，多藏必厚亡。故知足不辱，知止不殆，可以长久。　　——《老子》
适可而止，无贪心也。　　　　　　　　　　　　　　　——朱熹《论语集注》

什么是适度？

适度是你在自己的生活中会保持平衡。适度意味着你不会总做同样的事，而会劳逸结合。你既可以有充足的时间学习和玩耍，也可以保证工作和休息两不误。适度是你可以在鲁莽行事前及时停止，是你可以通过自律来防止自己做出过分的事情。

说话太少或太多都不是适度。话太多会打扰别人，话太少又会被别人忽略。倘若大家一起讨论，你不说话就无法让人了解你独特的见解。

适度就是不让我们被自己的欲望所主宰。

为什么要做到适度？

如果做不到适度，人们就容易走极端，他们要么索取太多然后白白浪费，要么缺乏可以让身心健康发展的必备之物。如果做不到适度，人们就会对药物或酒精上瘾，把其他一切都抛诸脑后，并因此伤害自己的身体。

如果做不到适度，人们就会变得贪婪。如果他们暴饮暴食、喋喋不休、游手好闲或者爱睡懒觉，别人就会感到气愤。如果做不到适度，人们就很容易半途而废。如果他们不做自己分内的事情，不想和别人交流或玩耍，别人就会感到受伤。

如果没有适度，我们就会忘记知足为何意，就会有过分的行为。我们也许会对某些东西上瘾，并变得越来越依赖。即使是自己喜欢的东西，一旦拥有得过多，也可能对自己造成伤害——比如看太长时间电视或者吃太多巧克力。当我们对某些东西占有得过多时，我们可能会发现我们已经控制不了自己了。

适度能阻止我们被欲望所支配。当我们做到适度时，我们就会在生活中建立起一种平衡。有了适度，我们更乐于获取自己真正需要的东西。如果我们做到了适度，别人也会因此而受益。

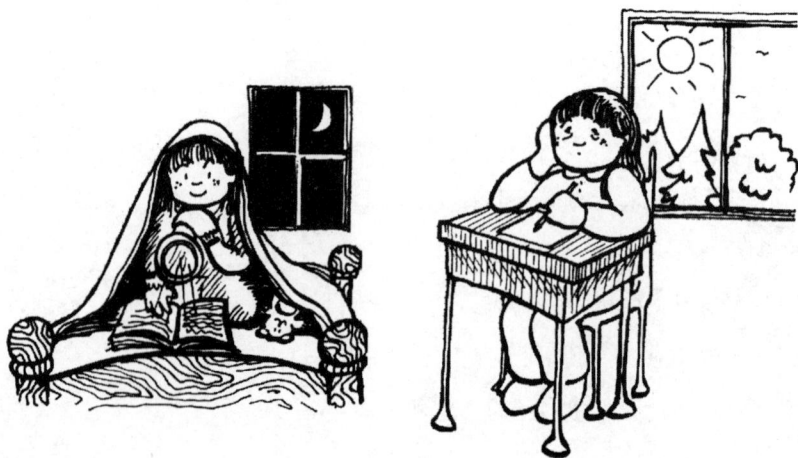

怎样做到适度？

要做到适度，你必须只获取自己需要的东西——不要太多也不要太少。你会适度饮食、运动、娱乐或睡眠。

清楚自己的极限是习得适度的第一步。对你而言，什么是过多？什么是过少？对某些人而言，8小时的睡眠时间太多，而对某些人而言却太少。

然后，你要用自己的智慧和自律来确保你能得到自己所需要的。如果你需要9小时的睡眠时间才能保证健康，那么你就要想办法去实现。自律能让你在某件事情上做到适可而止。如果吃6块蛋糕已经超出了你的极限，那么只吃2块的话你的胃可能觉得更舒服。

看看自己是否正沉迷于某些事情，比如电视、电脑游戏、食物或是某个人。问问自己需要何种平衡才不至于让这越来越多的渴求控制你的生活。如果你做到了适度，那么你就会满足于自己所得到的。

◉ 如果发生以下情况，应如何做到适度？

* 你喜欢某个人，于是你每天给她打电话，并且总在她家附近转悠

* 你打开饼干罐，看到里面是自己最爱吃的饼干

* 你熬夜读书或玩耍，第二天早上感到十分困倦

* 你把所有的空闲时间都用在了打电子游戏上，已经很长时间没有和朋友们见面了

* 你把所有的零花钱都用来买了巧克力，现在你没有零花钱了

成功的标志

● **恭喜你！如果你做到下面几条，就说明你已经能做到适度了。**

　* 清楚并满足自己的需要——不多也不少

　* 顾及自己的健康，能充分满足自己的需要

　* 知足常乐

　* 通过自律来防止自己有过分的行为

　* 能够在工作和娱乐之间保持平衡

　* 清楚自己的极限，并为自己设定界限

● **如果出现以下情况，你还得继续努力。**

　* 不知道自己需要什么或需要多少

　* 沉迷于某些食物、事情或人

　* 无视自己的极限和原则

　* 追求自己并不真正需要的东西

　* 贪得无厌，不与人分享

★ **自我激励宣言** ★

我懂得适度而为。能得到自己所需要的我感到十分感激和满足。我在生活中能够平衡工作和娱乐。我会做得恰到好处，既不会过度也不会不足。

No.32
稳 重

敏于事而慎于言 ——《论语》

天下有大勇者，卒然临之而不惊，无故加之而不怒。 ——苏轼《留侯论》

什么是稳重？

稳重，就是自我尊重。当你做到稳重时，你就不会炫耀或吹嘘。稳重就是重视自己，对自己的身体有隐私意识。

稳重意味着你明白自己应该如何适当地显露身体，知道别人与你进行身体接触时什么是合适的尺度。稳重就是能保护好自己的隐私部位，不让他人触碰。稳重的人衣着既大方得体又极富魅力。

稳重意味着你即使获得称赞，也不会自我膨胀，认为自己高人一等。你会感激自己所拥有的天赋，并且清楚别人也同样拥有过人之处。

为什么要成为一个稳重的人？

如果做不到稳重，人们就会做各种事情来引起别人的注意。他们会吹嘘自夸，甚至允许别人占自己的便宜，而自己也会用无礼的方式来利用别人。如果做不到稳重，人们就无法设定别人碰触自己的界限。他们经常会觉得被人利用却不知道为什么会这样。

如果做不到稳重，人们就会自我吹嘘，也会在这样的嘈杂声中逐渐失去他们的美德。自我吹嘘会让身边的人远离你，所以不稳重的人会变得非常孤独。

稳重的人无须主动告诉别人自己有多优秀。他们的行动和美德会说明一切。他们懂得尊重自己，这样别人也会尊重他们。

怎样成为一个稳重的人？

稳重是一种态度。你要做到稳重，就要让自己感到舒适。稳重就是你知道

自己有着特殊的天赋，而其他人也同样如此。虚心有助于培养稳重的美德。

与别人共事时，你不要独揽所有的功劳，不要自夸、吹嘘或是炫耀。你即使得到称赞也不要自我膨胀。你可以与人分享完成某事的兴奋感，但不要把这件事情吹嘘成无人能及的成就。

稳重就是不让自己被别人利用。你尊重自己的身体和隐私，并且希望别人也能如此。如果有人以不恰当的方式触碰了你，你一定要告诉一个你信任的成年人，不要对这件事情缄口不言。

当你成为稳重之人，你就不会总抢风头。你会在穿着上做到大方得体。

● 如果发生以下情况，应如何做到稳重？

* 一个朋友试着说服你买一件浮夸的外套，因为每个人都这样穿

* 有人开始调戏你，并且触摸你的隐私部位

* 你在比赛中表现出色，并且你所在的队伍也赢得了比赛

* 有人想亲吻你，但你并不想让他亲

* 你有件事情做得很好，你很想吹嘘一下自己

成功的标志

● 恭喜你！如果你做到下面几条，就说明你是个稳重的人。

* 你感到很舒适

* 尊重自己

* 不允许任何人侵犯你的身体

* 为自己的隐私设定界限

* 穿适合自己的衣服

* 与人分享胜利时不过分吹嘘

　　＊不独揽功劳，把胜利归功于所有参与者

● **如果出现以下情况，你还得继续努力。**

　　＊需要通过哗众取宠来感受到自己的重要性

　　＊说得多，做得少

　　＊穿着打扮不得体

　　＊时不时提醒他人自己有多优秀

　　＊允许他人利用或侵犯你的身体

　　＊抢功劳，而非与所有参与者共享

★自我激励宣言★

　　我很稳重。我不需要自我吹嘘或刻意引人注意。我会以真实的自己来获得应有的重视。

No.33
服　从

令必行，禁必止。　　　　　　　　　　　　　　　——《韩非子》
言无二贵，法不两适。　　　　　　　　　　　　　——《韩非子》

什么是服从？

服从是为了获得指引和保护。你要为自己考虑，确保当你服从某人（即使是你的家人）时，对自己是有益的，而且不会伤害自己和他人。

服从意味着即使你不情愿，或者这样做需要很强的自律性，你也会遵守规则。服从意味着即使没有人监督，你也会遵守规则。服从实际上也意味着你是一个可靠的人。

为什么要做到服从？

服从能让你感到安全和快乐。人们如果对服从毫不在意，那么他们就会为所欲为，哪怕这样会伤及自己或他人。如果每个人都随心所欲地开车，那么就会有更多的人在车祸中受伤或丧命。如果你骑自行车时逆行，那么就很容易造成交通事故。世界上有很多危险，如果没有服从，你很可能会受伤或迷失自己。

当你服从那些关心和想保护你的人时，你就会拥有自由和安全。如果你知道在哪里可以安全地玩耍，那么你就不会担忧那些不必要的危险。为保护公众而制定的法律也是如此，如果每个人都能遵守法律，我们就能够信任彼此。

如果家人都能遵守家里的规矩并信守承诺，比如周二晚上谁应该洗碗、谁应该照顾家里的宠物等，那么家里的一切就会变得井井有条。当你能够遵从自己内心的秩序，你的生活也会变得有条理。由此，你也就能够信赖自己。

怎样做到服从？

服从始于按照父母、老师或国家的要求去做。

服从是按照规则行事，这样做可以确保公平。用你的意志力去遵守规则，即使你想去破坏或无视它们。对自己承诺过的事情负责，而不是等待别人提醒。服从长辈和老师的要求，即使没有人监督你也要如此。遵守你所在国家的法律和法规。

有权威的人要求你做事时要尊重他们，即使你对要做的事并不理解或赞同。如果你确实质疑某项规定或决议，也要以尊重的方式提出来，然后去做你认为正确的事情。

服从自己内心的权威，那个地方知道何为真理。你要勇敢地维护真理。

你如果触犯了法律，需要承担相应的后果，要有勇气从错误中吸取教训。你要心甘情愿地接受惩罚，然后原谅自己，并重新开始。

不要害怕再次尝试。

◉ 如果发生以下情况，应如何做到服从？

* 你想赶上马路对面的朋友，虽然路上车来车往，但你还是不想走人行道，只想尽快冲过去

* 晚上你想在朋友家过夜，可是父母不允许，你认为他们很不讲理

* 暑假你去爷爷奶奶家住，他们在睡觉、洗澡和做家务方面的规矩和你在自己家时有所不同

* 某个有权威的人想让你做你觉得不正确或会给他人带来伤害的事情

成功的标志

◉ 恭喜你！如果你做到下面几条，就说明你已经能做到服从了。

* 用你的意志力去遵守规则，即使你想去打破规则或无视规则

* 无须别人提醒就能信守承诺

＊即使无人监督也能坚持做正确的事情

＊有礼貌地质疑权威

＊如果破坏了规则或法律，就承担后果，然后重新再来

＊听从自己内心的权威

● 如果出现以下情况，你还得继续努力。

＊不知道规则是什么，也不想去了解

＊反感长辈和老师的教导——只想随心所欲地做事

＊无视能够保证你和他人安全的法律

＊以发牢骚、抱怨或发脾气的方式来质疑某个决定或规则

＊需要别人催促三四次才开始做某事

＊有人监督的时候才遵守规则

＊从不质疑权威，即使自己或他人受到伤害

★ 自我激励宣言 ★

我能够做到服从。我尊重长辈的意见。我有勇气面对公正的结果并重新开始。我会听从自己内心的真理，做正确的事情。

No.34
秩 序

不以规矩，不能成方圆。

——《孟子》

夫悬衡而知平，设规而知圆，万全之道也。

——《韩非子》

什么是秩序？

秩序是整洁，是以和谐的方式来生活。秩序意味着你的每件物品都有固定的位置，这样使用时你很容易就能找到它们。

秩序意味着有条理。秩序就是做事前制订好计划，来保证事情不偏离轨道，能够按部就班地顺利进行，而不是在原地打转。秩序能够让事情更容易完成。

正是因为有了整洁和细致，你才能把事情做得尽善尽美。

你把家中一切安排得井然有序，可能意味着你把房间打扫得干净整洁，也可能意味着你解决了家里的某些问题或纠正了某个错误。当你做了自己感觉错误的事时，你可以通过自我改变和自我完善来纠正。

如果你对大自然的秩序心存感激，那么你就能看到一切生命的美丽与和谐。

为什么要做到有秩序？

如果没有秩序，人们就总是在到处找东西，或者时常会感到混乱和迷茫。如果你的东西没有放到固定的位置，那么它们很容易丢失。

那些做事需要快速、精准的人尤其需要做到有条不紊。试想，如果医生在做手术时找不到手术刀，或消防员没有把设备放在固定的位置，以至于火警拉响时无法即刻出发，那会造成怎样的后果呢？

如果人们不按秩序行事，事情就会变得一团糟。如果人们能够有序行事，那么他们就不会浪费精力，他们的努力也不会白费。

当你能够井井有条地做事时，你就可以面对任何问题并找到解决的办法。即使你犯了严重的错误，你也可以纠正它。如果你能做到踏踏实实、坚持不懈，再困难的事情也难不倒你。

当你对大自然的秩序心存感激时，你就可以看到身边的美丽，并可以将其融入自己的生活中。当你为身边的一切都建立了秩序时，你的内心也会变得平和起来。

怎样做到有秩序？

做到有秩序最重要的方式之一是你要确定在哪里摆放、如何摆放你的东西，比如衣服和玩具，然后你还要确保使用后将它们放回原处。你拿走了东西记得要归还，要按照类别把它们收好。这样，你才能清楚东西放在哪里，而不用浪费精力去找它们。

你如果想高效地完成某事，首先要制订好计划，然后依照计划执行，不要让自己分心。你如果遇到一时难以解决的问题，可以把问题拆分成更小的部分，然后一步一步地解决。

创造一个平静、有序的生活空间。这也许意味着你可以用自己喜欢的颜色来画画，然后把它挂在墙上，或以某种你喜欢的方式整理床铺，或把你的东西都摆放在架子上。总之，你要尽可能让房间保持整洁有序。

让生活有秩序会让你感到平和与自由。

◉ 如果发生以下情况，应如何做到有秩序？

*你看到自己的房间一片混乱

*你玩了一个游戏，而游戏的道具是由很多零件组成的

*你发现某个问题处理起来非常困难

*你和朋友正在操场上跑步，这时你听到了上课的铃声

*你正在徒步旅行，不知道该如何处理午餐留下的垃圾

*你有一个重大的项目要完成

成功的标志

◉ 恭喜你！如果你做到下面几条，就说明你是个有秩序的人。

*留出固定的地方来放你的每一件东西

* 每次用完东西都会放回原处

* 开始某项工作前制订好计划

* 一步一步地解决问题

* 创造一个能让你感到平静的和谐空间

* 感激大自然的秩序和美丽

◉ 如果出现以下情况，你还得继续努力。

* 生活过得一团糟

* 总是花很多时间找东西

* 做事毫无计划

* 遇到问题就感觉迷茫或无助

* 从来不为生活空间增添色彩

* 不尊重大自然，总是乱丢垃圾或搞破坏

★ 自我激励宣言 ★

我的生活井然有序，我做事情懂得循序渐进。我会在自己的生活空间中创造和谐与美丽。

No.35
耐 心

千里之行，始于足下。 ——《老子》

锲而舍之，朽木不折；锲而不舍，金石可镂。 ——《荀子》

古人学问无遗力，少壮工夫老始成。 ——陆游《冬夜读书示子聿》

什么是耐心？

耐心，是在相信一切最终都会变好的基础上，平静地希望和期待。耐心意味着等待，就是忍受着困难或麻烦却从不抱怨。

耐心意味着自我控制，因为你无法控制事情的走向，也无法控制他人的行为方式。耐心是面对持久困难时的冷静和包容。有了耐心，你就知道，所有事情都需要时间，你种下的种子总有一天会开花或成为结满果实的参天大树。耐心是对未来的承诺，你现在做的一些事情，是为了将来能够有好的结果。耐心是要你在实现这一目标的过程中，包容一切必然要发生的事情。耐心是在一开始就能看到结果——尽力而为，然后静静地等待，相信你所期待的结果终将到来。

为什么要有耐心？

没有耐心，人们会想立刻拥有一切东西。他们刚种下一颗种子可能就立刻想吃到果实。他们不愿意去做那些需要持续付出才能收获的工作，比如需要做大量前期准备的工作，或进入学校刻苦学习为了将来能成为医生、艺术家或工程师。

如果没有耐心，人们就无法忍受等待他人，他们会一直焦躁不安，这会让周围所有人包括他们自己更加心烦意乱。如果没有耐心，一旦事情进展得差强人意，或是出现了问题，他们就会变得暴躁易怒。

如果人们拥有耐心，他们就会从现在开始耕耘，期待未来会收获丰硕的果实。他们播下种子，期待这粒种子将来能开花结果甚至长成参天大树。他们会从现在就开始学习对自己10年后有益的课程。

如果人们拥有耐心，他们就不会发牢骚、抱怨或苛责别人。他们就能够宽容地对待自己和他人。他们能够让世界变得温柔，他们周围的人也将因此而感到安心。

如何培养耐心？

耐心是能够接受自己无法控制的东西。如果有人迟到了，即使你感到不耐烦，你也能平静地接受。你要相信事情总会向好的方向发展。幽默感也有助于培养耐心。

当你变得有耐心时，你要向你必须忍耐的事情（比如一场会持续一段时间的疾病或者你可能一直要面对的障碍）妥协，而不是与之做无谓的斗争或心生恼怒。如果有人出了错，你应当温柔地对待他们，也应温柔地对待自己。

耐心可以让你坚持做自己想做的事情，即使遇到困难或麻烦也不会放弃。哪怕可能会无功而返，你也会坚持到底。你愿意为自己的未来设定目标，并相信这个目标值得你为之付出努力。

耐心意味着有明确的目标，在最开始时你就要想到结局会如何。耐心意味着在艰难的日子里，你也能静静地怀抱希望。

☻ 如果发生以下情况，应如何做到有耐心？

* 你等了很久妈妈才来接你回家

* 你决定长大后成为一名律师

* 你想在院子里种一些蔬菜

* 妹妹借了你的东西后忘记还给你，你有些生气了

* 你希望自己能长得更高

* 你生病了，近期没法做自己喜爱的运动了

成功的标志

● **恭喜你！如果你做到下面几条，就说明你是个有耐心的人。**

* 平静地接受迟到或混乱

* 为了得到，愿意等待自己想要的事物

* 目标明确，并会坚持不懈直至目标达成

* 现在做一些对将来有益的事情

* 以幽默或优雅的方式接受你无法控制的事

* 有人出错时，能做到温柔相待

● **如果出现以下情况，你还得继续努力。**

* 认为自己所有的愿望都应该立刻实现

* 认为需要花时间的事情不值得做

* 如果事情不能立刻取得成果就会感到受挫

* 只做能够立刻得到回报的事情

* 如果他人出错或让你久等，你会变得非常暴躁

★ **自我激励宣言** ★

我很有耐心。我能够宽容他人和自己的过错。我会设定目标，并坚持不懈直至目标达成。我相信，一切都会越来越好。

No.36
和　平

礼之用，和为贵。

——《论语》

各美其美，美人之美，美美与共，天下大同。

——费孝通《人的研究在中国——个人的经历》

什么是和平？

和平是内在的平静，这种平静也许来自默默的感激。和平是非常安静地审视事物，以便理解它们。和平是直面你的恐惧，然后放手。和平是相信事情最终总会变好。

和平是为了爱的权力而放弃对权力的爱。和平意味着践行正义，公正地对待自己和他人。和平能解决与他人发生的冲突，使大家都不受损。由于你一直努力寻求和平的解决方法，所以每个人都是赢家。当你放弃暴力和偏见，并不再把他人视为敌人时，和平就会随之而来。

当你认识到所有人都是人类大家庭的一分子时，你就会感受到和平。世界的和平源于你内心的平和，以及你与他人交往过程中的和睦。

为什么要追求和平？

平和的内心不受烦恼和担忧的困扰，它会让你学会信任。和平就是让自己的心灵安静下来，就是希望进入自己内心的宁静。如果没有和平，你就会想去控制一切人和一切事情。

和平能让我们远离暴力、偏见和不公。如果我们每个人都能做到和平，那么所有跟我们接触的人就都会感觉被爱、被尊重、被平等地对待。人们之间的差异会被视为有益的，而非斗争的理由。我们生活中的和平最终会带来世界的和平。

如果没有和平，我们就会把差异看作对我们身份的威胁。 我们会用道听途说的消息而非我们自己的认知来评判他人，我们最先关注的是自己，哪怕他人会因此而受到伤害。如果没有和平，就没有人能安全。当暴力、不公、偏见或不平等存在时，恐惧和仇恨也会随之而来。这可能发生在家庭之间，也可能发生在国家之间。这会导致斗争甚至战争，没有人能真正从战争中获益。

怎样追求和平？

若要做到内心平和，你就要变得非常平静，这样你才能反省或沉思。如果你每天都这样做，那么你就会变得越来越平和。

若要成为一名和平的缔造者，你就要使用平和的语言。你不会说："我讨厌……"，也不会骂人，不会在背后批评或中伤他人。即使在生气时，你也会使用温和的语言。你会轻声细语地说出自己的愤怒："你不敲门就闯进我的房间，这让我很生气。"不要伤害任何人。避免任何形式的暴力。永远、永远都不要使用武器。

当你追求和平时，如果你与他人的意见不同，不要试图攻击他人，让彼此难堪，也不要使用暴力的言语或行为，而应该努力去寻求和平的解决方法，以实现你们双方的共赢。总有许多创造性的方法能够解决问题，而暴力从来都解决不了任何问题。

你要学会看到他人的闪光点。如果有人伤害了你或惹你生气，请原谅他们。如果他们侵犯了你的权利，请用理智的、非暴力的方式制止他们。你要保护好自己和他人的权利。欣赏差异，不要使之成为偏见或斗争的理由。

◉ 如果发生以下情况，应如何追求和平？

* 你的弟弟突然冲进你的房间，并踩在你刚刚完成的模型或画作上

* 有些同学正在嘲笑有不同风俗习惯的同学

* 你开始担心某个问题，并发现这个问题在你的脑海中挥之不去

* 你决定每天花一些时间来沉思

* 有些孩子开始嘲笑你，蓄意挑衅

成功的标志

● **恭喜你！如果你做到下面几条，就说明你已经在追求和平了。**

* 用沉思来创造内心的平和

* 即使生气也能使用平和的语言，能轻声细语地讲话

* 避免伤害他人

* 当你有不同意见时，试着寻找和平的解决方式

* 欣赏差异

* 因为爱的权力而放弃对权力的爱

● **如果出现以下情况，你还得继续努力。**

* 太过忙碌以至于没有时间停下来沉思

* 生气时说话做事非常粗鲁

* 总想指出别人的过错

* 如果有人伤害了你，哪怕是无意的你也要报复

* 允许他人侵犯你的权利

* 局限于自己的小圈子，避免和与自己不同的人接触，对别人总抱着"非友即敌"的态度

* 依据道听途说的消息在背后中伤或评判他人

> ★ **自我激励宣言** ★
>
> 我能够使用平和的语言，并能以和平的方式解决出现的任何问题。我能够让自己内心平和，并且能温和地度过每一天。

No.37
目的性

不专心致志，则不得也。 ——《孟子》

君子之学贵乎一，一则明，明则有功。 —— 程颢、程颐《二程全书》

什么是目的性？

目的性是指你有清晰的目标，知道自己正在做什么以及为什么这么做，而不是整天浑浑噩噩，犹豫不定。当有了目标，你就会依据自己的目标行动。有目的性意味着你会全神贯注地做好某件事，你会集中注意力去关注目标，并会全力以赴争取获得好的结果。无论如何，你都会完成自己的目标。

有的人只会任由事情自然而然地发展，而一个目的性强的人却能够推动事情向前发展。当你成为一个有目的性的人时，你就几乎无所不能。

为什么要有目的性？

你如果不是一个有目的性的人，就容易感到困惑。你会跟不上手头事情的进展，容易分心，你的努力也会白白浪费。如果没有目的性，你就不知道自己做某件事情的原因是什么，这样一旦遇到困难，你就很容易放弃。

你如果没有一个清晰的目标，就会精神涣散。你如果不能集中精力，就会一事无成。你会一会儿做这件事，一会儿又做那件事，却从未真正完成哪件事。你会被各种未完成的事情所包围，而没有哪件事情是你真正可以完成的。你所有的时间和精力都会被白白浪费掉。

当你选择成为一个有目的性的人时，你就能成就一番伟业。你会对自己要做的事情有一个清晰的目标。你若能确定目标并集中精力去做，最终就能看到自己努力的结果。你会始终充满动力，因为你知道自己为什么这样做。无论如何，你都会达成自己的目标。

怎样做到有目的性？

要做到有目的性，你就要对自己想做的事情有清晰的愿景。当你决定为自己或某个你在意的人去做某件事情时，你就有了目的性。

在做某件事之前，问问你自己："我真正想做到的是什么？"这就是你的愿景和你的目标。接着，问问你自己："什么使得这件事情对我如此重要？"这个问题的答案就是你的目的。现在，你已经做好了准备，可以开始行动了。

在行动的过程中，你要不断问自己："我正在做的事情是否能帮助我实现最终的目标？"如果答案是肯定的，那么你就要全心全意去做这件事。如果答案是否定的，那么你就要做出改变，让你正在做的事情能契合你的目标。

如果某些其他的事情分散了你的注意力，你要尽量去调整，并尽快回到自己的目标上来。

你要尽可能一次做一件事情，并全身心投入到这件事情当中。你不要分散自己的注意力，不要试图把所有的事情都一次做完。

◉ 如果发生以下情况，应如何做到有目的性？

＊你决定完成某项难度很大的任务

＊你在努力地做家庭作业，但总是因自己的白日梦而分心

＊在你做家务的时候，来了一个朋友

＊一次做很多事让你感到精力不足

＊你想学习演奏某种乐器

＊你发现践行某种美德非常困难

成功的标志

● 恭喜你！如果你做到下面几条，就说明你是个有目的性的人。

　*对完成的事有清晰的设想

　*认真考虑自己为什么要完成这件事

　*把注意力集中于自己的目标上

　*避免分散注意力或受到干扰

　*一次只做一件事情，并有始有终

　*即使受到干扰也能回到自己的目标上来

　*不达目的不罢休

● 如果出现以下情况，你还得继续努力。

　*认为什么事情都无所谓

　*心血来潮，一下子开始做很多事

　*忘记自己正在做什么

　*忘记做这件事情的原因是什么

　*为了让自己更容易完成任务而改变目标

　*在未达成目标之前就放弃

> **★ 自我激励宣言 ★**
>
> 　我有目的性。我清楚地知道我正在做什么以及为什么这么做。我会把注意力集中于最重要的事情上。我能够完成了不起的事情。

No.38
可 靠

可以托六尺之孤，可以寄百里之命，临大节而不可夺也，君子人与？君子人也！

——《论语》

什么是可靠？

可靠意味着别人可以依赖你。可靠，是你如果答应了做某事，就会按照预定的计划把事情做好。你不会忘记也无须其他人提醒，别人也不用担心这件事情是否能够完成。

当你成为可靠的人时，别人就能信任你，相信你会竭尽全力做到自己承诺的事情。只要有办法能实现自己的承诺，你就会去做，哪怕要经历磨难和考验。你对自己承诺过的事情会格外用心。别人也会放心，因为他们知道事情已经交到了可靠之人的手中。

为什么要成为一个可靠的人？

当人们不可靠时，别人就无法信任他们。如果人们有时候能做到承诺的事情而有时候做不到，那么我们永远不能确定他们是否能信守承诺，哪怕这件事情非常重要。这会带来焦虑和不信任，比如如果有人忘记准备晚餐，那么所有人都将挨饿。

如果飞机、火车或公共汽车延误，乘客就可能错过重要的约会。如果建造房屋、桥梁或制作玩具的人不可靠，那么当这些建筑倒塌或玩具损坏时，人们就可能因此而受伤。

当你成为可靠之人，你就会把每项工作都当作自己的职责。别人可以依靠你去完成相应的工作，你在生活中也可以给别人带来安全感及平和感。当你成为可靠之人，人们就深信你能做好自己的本职工作。

怎样成为一个可靠的人？

你可以通过实现自己的承诺来做到可靠。你答应去做别人托付你的事情，然后尽一切努力遵守自己的承诺。你要确保自己言出必行——除非由于不可抗力导致事情不可能完成。

当你长大成人，需要承担诸如照顾子女、粉刷房屋、做医生或消防员的职责时，你如果是个可靠的人，就会竭尽全力做好自己的工作。你现在就可以通过认真地承担责任来练习着做到可靠，并将其视为一种庄重的信任、一项重要的承诺。

要做到可靠，你必须提前制订好计划。你要知道接下来应该做什么以及如何去做，你还要留出足够的时间去完成它。你应尽早开始，尽己所能，按时完成。如果受到干扰，打断了最初的想法，那么就试着用其他方法来完成。成为可靠之人是成为有用之人的最佳方式之一。

◉ 如果发生以下情况，应如何做到可靠？

* 你答应在某个特定的时间之前回家，但有朋友邀请你一起去玩
* 轮到你洗碗了，但你没有心情去洗
* 你向妈妈保证自己吃完早餐会刷牙，但又担心会因此而错过班车
* 你的朋友们正在建造小木屋，你答应给他们带些钉子，结果发现家里根本没有钉子
* 团队报告中你负责的那个部分明天就要上交了，但你太困无法完成这项任务了

成功的标志

◉ 恭喜你！如果你做到下面几条，就说明你是个可靠的人。

* 答应做对别人有帮助的事情

* 做你能够遵守的承诺

* 认真对待约定

* 提前做好计划

* 做事尽己所能

* 按时完成任务

* 如果遇到困难，就尝试用别的办法来履行承诺

◗ 如果出现以下情况，你还得继续努力。

* 不承担责任

* 忘记自己该做的事情

* 总是迟到

* 不提前计划——总是在最后一刻还手忙脚乱

* 必须别人不断提醒

* 遇到困难就轻易放弃

* 失败了会找借口开脱

★ 自我激励宣言 ★

我是个可靠的人。我能够信守承诺。别人可以信任我。没有什么能够阻挡我竭尽全力。

No.39
尊 重

国将兴，必贵师而重傅。 ——《荀子》
仁者必敬人。 ——《荀子》

什么是尊重？

尊重是对人心怀敬意，并关心他人的权利。尊重体现在我们对待他人的礼节之中，体现在我们说话的方式之中，体现在我们对待他人物品的态度之中。以尊重的态度说话办事能让人们获得应有的尊严。

尊重长辈，比如你的父母、祖父母和老师尤为重要。因为他们比你年长，也比你拥有更多的智慧，他们可以教会你很多道理。尽管每个人都值得被尊重，但长辈们更值得被尊重和礼貌相待。

尊重包括遵守家规和校规，这会让你的生活更加平和有序。

尊重也包括自我尊重，这意味着你会维护自己的权利，比如自己的隐私和尊严。如果有人侵犯了你的权利，即使对方是你的长辈，你也必须制止他的行为。每一个人，无论男女老少，都应平等地享有被尊重的权利。

为什么要做到尊重？

如果人与人之间没有尊重，人们的隐私就会受到侵犯。任何人都可以看他人的信件或日记。在你想独处的时候，有人会闯进你的洗手间或卧室。如果人与人之间没有尊重，人们会粗鲁地说话，随意地对待别人，就好像他们根本无关紧要。如果你不尊重自己，就等于任由他人利用或伤害你。

尊重能让人感觉到自己的价值。长辈们尤其值得被尊重，因为他们比你年长，也有更多的人生经验。

如果不尊重长辈，孩子们就会肆意妄为。如果不尊重法律或规则，我们的生活就会陷入一片混乱。试想，如果司机们都不遵守交通规则，那么乘车将会是一种怎样的体验？

如果你尊重别人的财产，他们也会尊重你的财产。如果你尊重自己，别人也会尊重你。

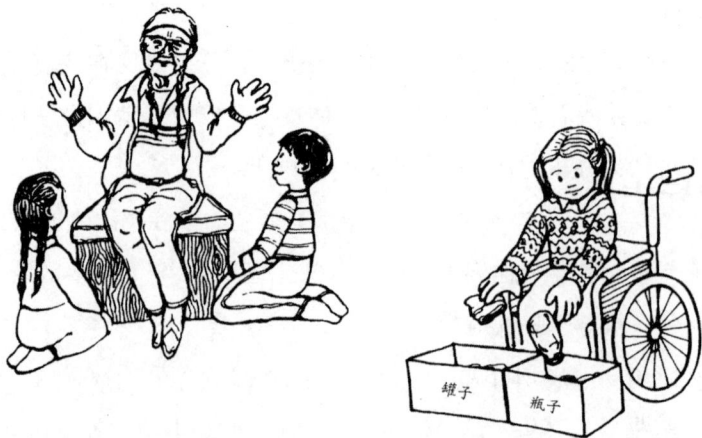

怎样做到尊重？

想一下自己希望被如何对待，并以此方式来对待别人，这是学习尊重他人的一个好方法。你想让他人如何对待你的财产、隐私权以及尊严呢？如果想用别人的东西，要先征得同意，而不是直接拿走。如果别人家里有易碎品，你就不应该在房间里到处乱跑。你要尊重别人的空间和财物。

尊重是用平静的方式来表达你内心哪怕最强烈的感受，是轻声地、有礼貌地说话，对待长者尤其要如此。尊重就是不随意打断别人讲话，而要先说"打扰一下"，然后等待别人做出回应。尊重就是把自己的观点仅仅作为一种观点表达出来，并尊重这样一个事实：看待事物的方式是多种多样的。

自我尊重，就是要像尊重他人一样尊重自己。你当然也值得被尊重！

◉ 如果发生以下情况，应如何做到尊重？

　＊你想用一下朋友的自行车，但他并不在旁边

　＊你的祖父母来了，他们给你提了一些建议

　＊你正在和妈妈顶嘴

　＊你的弟弟在洗手间，而你正好想问他一个问题

　＊你不赞成学校的一项规定

　＊一个年长的人用不恰当的方式触摸了你

成功的标志

◉ 恭喜你！如果你做到下面几条，就说明你已经能做到尊重了。

　＊用你希望被对待的方式对待别人

　＊对别人的物品格外小心

　＊当别人需要时间和空间独处时，尊重他们的要求

＊与任何人说话都彬彬有礼

＊乐于接纳长者的忠告

＊尊重家规和校规

＊希望自己的身体和权利能得到尊重

◐ 如果出现以下情况，你还得继续努力。

＊不尊重别人，好像他们根本无关紧要

＊无视长者的忠告

＊未经允许就随意使用别人的物品

＊别人说话时随意打断或插嘴

＊不遵守家规和校规

＊允许别人不尊重你

★自我激励宣言★

我懂得尊重。我会用恰当的方式对待自己和他人。

我会礼貌待人，并乐于接纳长者的忠告。

No.40
责任感

处其位而不履其事，则乱也。
天下兴亡，匹夫有责。

——《礼记》
—— 顾炎武《日知录》

什么是责任感？

有责任感意味着他人可以依赖你，意味着你会尽自己最大的努力把事情做好。有责任感就是你愿意为你做过的事或没能做到的事负责任。如果某件事情做得好，你会接受赞扬（态度当然要谦虚!），而如果事情没有做好，你会接受批评和指正。

当你有责任感时，你会遵守自己的承诺。你如果答应为自己的家人或朋友做某件事，就不会拖延、忘记，而会确保事情顺利完成。有责任感就意味着有能力做出回应。

如果犯了错误，你会负责，而不会将错误归咎于天气、他人或是你的记性

（"我忘记了！"）。如果事情进展得不顺利，你可能会解释为什么事情会变成这样，但你不会为自己找借口。当你有责任感时，你可以得到他人的信任。有责任感是长大成熟的一种标志。

为什么要培养责任感？

当你能够为自己的行为负责时，别人就可以信赖你。当你愿意负责时，你就能完成很多事情，人们就能够信任你。如果事情进展得顺利，人们希望知道应该去感谢谁，而如果事情进展得不尽如人意，他们也希望了解应该找谁才能让事情步入正轨。当你有责任感时，人们就知道你正是他们所需要的人。

如果人人都不愿意负责任，那么他们答应去做的事情可能永远都无法实现：家庭作业忘了做、承诺无法履行、工作不能完成等，别人也会因此而感到失望。

总是寻找借口而不负责任的人，会不断重复同样的错误。人们也会开始怀疑这样的人是否值得信任。

如果我们有责任感，别人才愿意并且能够依赖我们。

怎样培养责任感？

当你答应去做某件事情，无论是家庭作业、某项工作，抑或是帮忙照看弟弟，你都要认真对待，并且要将其视为一种职责。你要对自己能够做到的事情负责，不要答应去做你没有能力或没时间去做的事情。承担太多任务却无法完成，实际上是不负责任的表现。

当你有责任感时，你会尽力把事情做好。如果事情进展得不顺利，而且在此过程中你出了错，你也不会为自己开脱。你愿意并且时刻准备着消除误会，改正错误。

如果事情做得好，你能够接受表扬，而如果事情做得不好，你也能够接受批评。你会认真倾听，承担责任，然后尽全力把事情做好。

● 如果发生以下情况，应如何做到有责任感？

　　* 在家里，你有一件工作要做，但你更想读书或看电视

　　* 学校布置了很多家庭作业

　　* 你刚才打碎了家里的某个物品

　　* 你和朋友约好放学后见面，但突然想起来放学后你还得去上音乐课

　　* 妈妈正在商店里买东西，你要帮忙照看弟弟

成功的标志

● 恭喜你! 如果你做到下面几条，就说明你是个有责任感的人。

　　* 尽全力把事情做好

　　* 专注于自己分内的工作，而不去干涉他人

　　* 能接受赞扬，也能接受批评

　　* 准备好并愿意去改正错误

    ＊承认错误，不找借口

    ＊准备好承担新的责任

● **如果出现以下情况，你还得继续努力。**

    ＊不能遵守约定

    ＊答应做超出自己能力范围的事情

    ＊只能听进去好话，听不进去批评

    ＊总是关注别人应该做的事情

    ＊为自己的过错开脱

    ＊做事马马虎虎

    ＊除非迫不得已，否则不会主动承担任何责任

> ★ **自我激励宣言** ★
>
> 我是一个有责任感的人。我能够信守承诺，全力以赴去做每件事。无论是赞扬还是批评，我都乐于接受。

No.41
敬 畏

君子有三畏：畏天命，畏大人，畏圣人之言。 ——《论语》

畏则不敢肆而德以成，无畏则从其所欲而及于祸。 ——吕坤《呻吟语》

什么是敬畏？

敬畏就是意识到所有的生命都是珍贵的。你可以在沉思或反思的过程中感受到敬畏。

敬畏就是表现出尊重，就是小心地对待生命的馈赠。

无论你在哪里，敬畏就是安静下来去感受闪现出来的奇迹。

为什么要心存敬畏？

敬畏是一种精神品质。如果你不尊重那些主要的事物，那么它们和普通的事物将没有任何区别。

　　你如果不敬畏生命，就会对它们漠不关心。你如果过于急躁或缺乏耐心，无法平静下来聆听自己内心的声音，那么就会错过生命中最为特别的部分。

　　大爱如同雨水，它会洒落在每个角落。只有当你伸出双手并腾出一定的空间时，你才能接住它。敬畏可以让你感受到这种大爱。

怎样做到心存敬畏？

　　你可以在沉思、反思或交流中感受到敬畏。每个人都需要定期进行反思。这是我们聆听内心深处智慧的最好方式。敬畏就是选择心无旁骛、全心全意地投入某一庄严的时刻中。敬畏能够让你聆听到自己内心的声音。

敬畏能通过你对他人，尤其是对身边之人的日常善举来体现。如果你怀有敬畏之心，即使一个小小的举动在你看来也是庄重的。

敬畏是对生命怀有深深的敬意。敬畏是关心地球及其对人类的馈赠，并尽己所能担起责任，努力让地球保持整洁和健康。当你让自己去感受生活中的美好时，敬畏也会随之而来。给自己一些时间去感受自然的奇妙，这是让你自己体会敬畏的最佳方式之一。

◉ 如果发生以下情况，应如何做到心存敬畏？

* 你徒步远行，来到一个风景优美的地方

* 你发现自己很久没有停下来反思了

* 你发现自己家附近的水源受到了污染

* 你发现自己对妈妈不够尊重

成功的标志

◉ 恭喜你！如果你做到下面几条，就说明你是个心存敬畏的人。

* 对所有生命都怀有深深的敬意

* 有反思或沉思的习惯

* 对待重要的物品格外细心

* 关爱地球，承担自己应该承担的责任

* 花时间去欣赏自然风光

◉ 如果出现以下情况，你还得继续努力。

* 从不认为有什么是特别的

* 不愿意反思。太过忙碌，无法体会内心的平静

＊对待什么都是一样的态度，对什么都不尊重

＊做事情不在乎任何人的感受

＊忘记自己对地球及其馈赠负有责任

★ 自我激励宣言 ★

我心存敬畏。我愿意花时间去静心反思，聆听内心的声音。我尊重所有生命。

No.42
自 律

躬自厚而薄责于人，则远怨矣。
——《论语》

不能自律，何以正人？
——张九龄《贬韩朝宗洪州刺史制》

什么是自律？

纪律意味着控制，自律就是自我控制。自律就是你要去做自己真正想做的事情，而不是在思绪和感受的微风中，做一片随风飘摇的树叶。自律意味着选择那些你认为正确的事情去做。自律会给你的生活带来秩序和效率。

有了自律，你就能做到适度。这样你既不会让自己劳累过度，也不会让自己过于懒散。你能把事情做好。也许你无法控制自己的情绪和感受，但能控制如何去对待它们。当受伤或生气时，你不会失控，而是清楚自己应该如何说话，以及该做些什么。

当你成为自律的人时，你就会养成良好的生活习惯，比如每天晚上你都会练习小号并坚持刷牙。你不会拖延。自律会让你对自己负责。

为什么要成为一个自律的人？

当你成为自律的人时，你就能控制自己的行为，而不用他人来控制你。自律可以让你获得更多的自由。你可以高效地完成工作，而不会被眼前成堆的任务压得喘不过气，到最后一刻还手忙脚乱。拖延（把事情拖到最后一刻）是一种非常沉重的负担。

如果人们不够自律，他们就会情绪失控，其他人也会因此受到伤害或感到不安，而这个不够自律的人也会陷入麻烦。如果不够自律，生活就会变得杂乱无章，你永远不知道自己接下来应该做什么。

当做到自律时，就不需要有人来监督或管束你，因为你能够自我监督并进行自我管束。你会决定自己要做什么，而不是等别人去要求你。

怎样成为一个自律的人？

超脱的心态能够帮助你做到自律。你要审视自己，认真思考，然后选择如何行动。例如，当你生气时，你会有很多种选择。你可以大喊大叫、攻击别人或做一些伤害别人也伤害自己的事情。当然，你也可以用平静的声音告诉其他人你很生气以及为什么生气。相比让你大发雷霆，他们可能更愿意做些事情来改善当前的状况。

如果你想做到自律，你就要为自己制订日常计划。你也许想每天都留出时间来反思，也想在特定的时间洗澡，还想留出玩耍、写作业或做家务的时间。你要为自己设限，比如看多长时间的电视，吃多少块饼干，这样你就能做到既满足又不过度。

如果你做到了自律，你就会选择遵守家庭和学校的规则，甚至可以做到乐在其中。

自律会让你远离拖延和贪婪，会让你用理智战胜自己的情绪。你的生活也会因此变得更加平和。

◉ 如果发生以下情况，应如何做到自律？

＊你的一项很重要的工作已经被你拖延了一段时间了

＊你跟你弟弟打了一架，你真的很生气

＊你家有一条规定：放学后最多只能吃3块饼干，但现在没有人监督你

＊你发现自己看了很长时间的电视，感觉懒洋洋的

＊你认为自己需要制订一个新的日常计划

＊你总是因为破坏规则而受到惩罚

成功的标志

● **恭喜你！如果你做到下面几条，就说明你是个自律的人。**

　　＊用超然的态度处事，不让自己受情绪的控制

　　＊受伤或生气时，仍然能够冷静地说话或做事

　　＊高效、有序地完成任务

　　＊制订日常计划

　　＊即使没人监督也能遵守规则

　　＊按时完成任务

● **如果出现以下情况，你还得继续努力。**

　　＊发脾气或感情用事

　　＊做事毫无计划

　　＊肆意妄为

　　＊只有在被监督的情况下才能做到举止得体

　　＊无视规则

　　＊总是拖延

★自我激励宣言★

　　我能够做到自律。我能有效地利用时间，并完成任务。我能以超然的心态做出选择。

No.43
服 务

君子贵人而贱己，先人而后己。 ——《礼记》
落红不是无情物，化作春泥更护花。 ——龚自珍《己亥杂诗》

什么是服务？

服务就是给予，就是希望自己的给予能够为他人的生活带来改变。

拥有服务意识意味着你能主动去寻找帮助他人的方法，而不是坐等他人来求助。你明白他人的需要和你自己的需要同样重要。当你成为有服务意识的人时，你会预见到他人的需要，然后会寻找能够帮助他人的方法。

你为他人服务纯粹是为了提供帮助，并非为了获得回报。你做这些事情只是出于自己的关心。

当你拥有服务意识时，你会尽全力把事情做好。你不关注付出了多少，只想真正做出一些贡献。

为什么要培养服务意识?

如果人们没有为彼此服务的意识，那么每个人就都只能依靠自己。如果有人遇到困难或需要帮助，也不会有人理会，除非这样做能获得报酬或达到个人的某种目的。

人们如果没有为他人服务的意识，那就必须被催促才能完成自己该做的事情。

如果拥有服务意识，我们的身边就会被爱和幸福环绕，其他人也能感受到关心。当他们有事情需要帮忙时，我们就能给他们提供帮助。

我们会用心工作，并竭尽全力去完成它。当人们拥有服务意识时，他们无须被要求就能完成一切需要完成的工作。能够为他人服务的人，也能够改变这个世界。

怎样培养服务意识?

你如果想成为服务型的人，就要关注是否有人需要帮助，然后为他们提供

帮助，你还可以寻找一些能让他们的生活变得轻松或幸福的小方法。如果有人看上去很迷茫或很孤单，你可以走过去问问他们是否需要帮助。你还可以想想能为家人做些什么，比如多做些家务，或做些体贴的小事。

你也可以为保护地球做些事情，比如厉行节约、回收利用物品或重复利用旧物，而不是总购买新的物品。你可以在自家后院制造堆肥，或在树木被砍伐的地方再种一棵树。当你专注于服务时，总会有许多美好的事情等着你去做——这些事情可以给世界带来改变。

工作时，你也应拥有为他人服务的意识，并尽力做好自己的工作。请记住，我们来到这个世界上，就是为了彼此照顾并保护地球的。

如果发生以下情况，应如何为他人服务？

* 外面下雨了，你妈妈正在回家的路上，但她没带伞
* 你要为家人做一件事情
* 你在想自己长大后该如何服务社会
* 你发现你家扔掉了很多垃圾
* 学校里转来的一位新同学看上去有点儿迷茫
* 你的老师正吃力地拿着一大堆材料

成功的标志

恭喜你！如果你做到下面几条，就说明你是个有服务意识的人。

* 想为世界做点儿什么，让世界有所不同
* 寻找机会为他人服务
* 想为家人和朋友做些体贴的事
* 充满热情地工作

＊自觉完成要做的工作，无须他人提醒

＊厉行节约并尽自己所能做好物品的回收利用和重复利用

◉ 如果出现以下情况，你还得继续努力。

＊忽视需要帮助的人

＊看到要做的事情，却等着他人来做

＊看到有人很迷茫却选择忽视

＊总是希望他人为你效劳

＊做事情总想得到回报

＊不认为自己的努力能带来任何改变

★ 自我激励宣言 ★

我寻找为他人服务的机会。我不会等到有人求助才去帮忙。我对人体贴，我会让这个世界有所不同。

No.44
坚 毅

天行健，君子以自强不息。 　　　　　　　　　　　　　　　　——《周易》

古之立大事者，不惟有超世之才，亦必有坚忍不拔之志。 　　——苏轼《晁错论》

什么是坚毅?

坚毅是踏实可靠，是无论如何都会坚持信念毫不动摇。你听说过龟兔赛跑的故事吗? 尽管和兔子相比，乌龟的速度要慢得多，但它一路前行，从未停歇，最终依靠坚毅的品格赢得了胜利。

坚毅是忠实和决心，是无论面对何种困难和考验，依然对某人或某事保持忠诚。当你成为坚毅的人，无论需要坚持多久，你都能够坚守自己的承诺。

为什么要成为一个坚毅的人？

如果做不到坚毅，人们就会犹豫不决。 他们也许前一刻还满腔热情，这一刻却又心生疑虑。他们可能会完成自己答应过的事情，但也可能将之抛诸脑后。这完全取决于他们对此事产生了多少怀疑，或者事情的难度是否超出了他们的预期。你永远不知道可以指望那些不坚毅的人做些什么。

如果我们拥有坚毅的美德，即使我们有所怀疑，内心依然会坚持自己的决定。当我们拥有坚毅的美德，我们就能够摆脱疑虑，看清自己的立场，也能够明白自己长期以来的追求是什么，而别人也会因为我们的坚定和可靠而感到安心。拥有坚毅的美德，我们就能够持续向前。

怎样成为一个坚毅的人？

你可以通过做出承诺来践行坚毅的美德。首先，你要判定这件事情是否值得承诺，考虑清楚，再做出决定。在开始之前，你要明白，一旦开始，就要有始有终。

然后，你要调整好自己的步伐。当开始践行坚毅的美德时，你要保持一个稳定的节奏，无论如何都要坚持下去。你如果正在做某项工作，不要进展太快而让自己筋疲力尽，也不要太过拖沓以至无法按时完成。你只要一步一个脚印，坚持不懈即可。你如果在学习新知识时能做到坚毅，就能坚持到底，即使有时候你会怀疑自己是否有能力完全理解。你要寻找一切所需要的帮助来支持你前行。

如果你是个坚毅的人，你就会坚守在朋友们身边，即使他们并不风趣，有时需要你过多地关注，或者正在经历艰难的时期。

当你发现自己正在犹豫，比如在想"我准备好做这个了吗？"或"这真的值得我付出这么多努力吗？"时，坚毅能够帮助你消除疑虑并坚持下去。

你会像暴风雨中前行的巨轮，乘风破浪，一往无前，不会让自己被风雨摧毁，也不会偏离方向。

◉ 如果发生以下情况，应如何做到坚毅？

* 你和朋友相处了很长时间，开始觉得有些无聊
* 你正在处理某项棘手的工作，感觉有些疲惫
* 花了大量的时间练习某项运动、某种舞蹈或美术后，你开始怀疑自己是否真的能够成功
* 你们一家人正在爬山，你觉得自己可能爬不到山顶
* 你要做些新的家务，但担心自己会忘记
* 你最好的朋友要搬家了，你不想忘记他

成功的标志

● **恭喜你！如果你做到下面几条，就说明你是个坚毅的人。**

　　* 思考自己是否真的想为某人或某事做出承诺

　　* 调整好自己，用自己可以维持的速度前进

　　* 一步一个脚印地稳步向前

　　* 不让怀疑或考验使自己偏离方向

　　* 支持自己的朋友和所爱的人

● **如果出现以下情况，你还得继续努力。**

　　* 从不做出承诺

　　* 只做当下最容易的事情

　　* 一遇到困难就放弃

　　* 被自己的怀疑所左右

　　* 无法完成困难的事情

　　* 做事过于急躁或过于拖延

> ★ **自我激励宣言** ★
>
> 我是一个坚毅的人。我能以适当的节奏做自己选择做的事情。我会持之以恒。我是一个忠诚而可靠的人。

No.45
得 体

多闻阙疑，慎言其余，则寡尤；多见阙殆，慎行其余，则寡悔。　　——《论语》

君子行不贵苟难，说不贵苟察，名不贵苟传，唯其当之为贵。　　——《荀子》

什么是得体？

得体是在不惹怒、不冒犯别人的前提下讲真话，就是知道自己该说什么，不该说什么。得体是用别人易于接受的方式传达信息。

得体就是说话前要三思。得体意味着明白何时需要保持沉默。

通常情况下，你知道有些事情可以说，但说出来可能会伤害到别人。你与其撒谎，不如用得体的方式来说出真相，这样做既对别人有益，又不会伤害别人的感情。当你感到生气或沮丧时，这样做尤为重要。

当你言行得体时，你就不会因为指出别人的不同而让他们感到难堪。你会在意别人的感受，正如你也希望别人在意你的感受一样。

为什么要做到得体？

如果言行不得体，人们就会变得粗暴、鲁莽。他们会想到什么就说什么，完全不顾及是否有人会因此而受到伤害。

如果言行不得体，人们就会无视他人的感受，也不会等着被问才说。他们说的也许是事实，但其说话的方式让人难以接受，会伤害他人的感情。别人也会就此做出回击，于是除了互相伤害以外，他们从交谈中将一无所获。

如果言行不得体，当人们生气时，就会说一些破坏关系的话。

得体的人总能委婉温和地说出真相。人们会在被追问时才说出可能伤害他人的话。即使生气，得体的人也会避免使用刻薄的语言。别人也会因此而更愿意倾听，那么问题也就有可能得到解决。

如果真相都能以得体的方式呈现给我们，那么我们也就都能够从中得到成长，并且有所收获。

怎样做到得体？

若要做到得体，你就要试着用温和的方式讲真话。在说话前，你要先停下来思考一番，问问自己有些话是否不说比说了更好，然后再决定是把话说出来还是保持沉默。有时候，说出真相可能会伤害到他人，得体就是选择把这些话留在心里。如果你还是要说出来，那么就选择用一种能够顾及他人感受的方式来讲。不要在有其他人在场时讲出来，也不要用让人尴尬的方式讲出来。

如果有人问了你一个很直接的问题，而你觉得答案可能会伤害他，那么你应该选择一种得体的回答方式，比如"让我想想"，然后再慢慢回答。做到得体，这在你感到生气时尤为重要。不要直接用言语攻击别人，先让自己冷静下来，然后客观地告诉别人到底是什么让你感到烦恼的。

当你做到得体时，你不会格外关注与你有差异的人，也不会用手指着别人大笑，即使他相貌丑陋也不要转移目光。你应该微笑，然后像对待其他人一样和他打招呼。

如果你成为得体之人，你就几乎可以将任何事情都告诉别人，而对方也会十分乐于倾听。

◗ 如果发生以下情况，应如何做到得体？

  * 你遇到一个身体有残疾的人
  * 你对弟弟做的某件事感到非常生气
  * 你的老师做了一些你认为不公平的事情，这让你感到非常沮丧
  * 你的朋友问你是否喜欢他的新发型，但你觉得他的发型看上去有些奇怪
  * 你和朋友在一起时，发现有人的裤链没有拉好
  * 你和爸爸拥抱的时候，闻到他有口臭

成功的标志

● **恭喜你！如果你做到下面几条，就说明你是个得体的人。**

＊说话前会充分思考

＊在保持沉默和说出事实之间能做出正确的选择

＊总能把不愉快的或批评的想法保留下来

＊对他人的感受非常敏感

＊温和友善地讲真话

＊对待他人能够做到一视同仁

● **如果出现以下情况，你还得继续努力。**

＊说话总是脱口而出，不经过思考

＊在众人面前让某个人难堪

＊无论他人是否询问，都滔滔不绝地把自己的想法说出来

＊从不考虑他人的感受

＊不在乎说的话是否会让他人受伤

＊生气时对他人恶语相向

★自我激励宣言★

我言行得体。我说话前会充分思考。我会考虑他人的感受。我会温和友善地讲真话。

No.46
感　恩

~~~~~~~~~~~~~~~

　　父兮生我，母兮鞠我。抚我畜我，长我育我，顾我复我，出入腹我。欲报之德，
昊天罔极！　　　　　　　　　　　　　　　　　　　　　　　　　——《诗经》

　　投我以桃，报之以李。　　　　　　　　　　　　　　　　　——《诗经》

　　谁言寸草心，报得三春晖。　　　　　　　　　　　　——孟郊《游子吟》

~~~~~~~~~~~~~~~

什么是感恩？

　　感恩是对自己所拥有的一切心存感激，是对学习、爱和生活抱有感激的态度。它是对生命中出现的特殊事物感到高兴。它是对身边发生的小事以及自身发生的改变存有感激之心。它是敞开心扉，乐于接受生活的每一份馈赠。

　　感恩，就是对世界抱有好奇心，并把所有的遇见都当作生命的礼物。感恩是一条通往知足的道路。

　　感恩是当事情进展不顺利或当你开始失去信心时，你依然能够看到希望。

感恩是即使痛苦来临你也能成长，是始终能够看到事情的光明面，即使有时候它们并不明显。

为什么要心怀感恩？

如果不懂得感恩，人们就会变得消极沉闷，就只会不停地唠叨和抱怨。他们会错过生命中的美好，会失去学习的动力，尤其是在遇到困难的时候。

无论事情变得多么困难或黑暗，总会有光明。每一种痛苦的经历中都有值得学习的东西。事实上，有时候当你回顾生命中经历过的某个重大考验时，你会发现自己从中获益良多，此时应是你最为感激的时刻。

感恩能让你的内心变得丰富。当你敞开心扉表达感激时，你也创造了更多的空间来接纳美好的事物。感恩会让你乐观。当你期待最好的结果时，最好的结果往往也会出现。

怎样做到心怀感恩？

你可以通过发现自己身边和内心的美好来践行感恩的美德，然后让自己去体会内心的感激之情。

经常回想你收获的祝福，特别是困难时期收获的祝福。从经历的一切事情中学习，这些才是生命赐予我们的真正的礼物。不要嫉妒别人，因为这会毁掉你的自信。当你嫉妒别人时，你其实是在拒绝本属于自己的天赋。

要做到心怀感恩，你就要学会接受。给予是幸福的，接受也是幸福的。每个人都需要机会去给予，包括那些关心你的人。你要乐观地接受生活，而不是让恐惧或担忧围绕着你。

要做到心怀感恩，你就要懂得欣赏身边的点点滴滴，比如路边的花朵和夜空中的繁星。你要感恩遇到的挑战，也要感恩能与友人分享欢笑和悲伤。要真正学会去感恩，不要等到梦想实现后才去感恩，要学会庆祝当下的每一个时刻。

● **如果发生以下情况，应如何做到心怀感恩？**

 ＊ 你遇到了很多困难，感到难过和挫败

 ＊ 你希望自己能像你所认识的最受欢迎的人

 ＊ 你在一个风景优美的地方散步

 ＊ 你有一段非常痛苦的经历，并且困惑为什么这种事情会发生

 ＊ 有人送给你一份礼物

成功的标志

● **恭喜你！如果你做到下面几条，就说明你是个懂得感恩的人。**

 ＊ 拥有感恩之心

 ＊ 乐于接受馈赠

* 欣赏自己的能力，不嫉妒他人的能力

* 把生活中遇到的困难看作学习的机会

* 期待最好的结果

* 欣赏世界的美好

* 记录每天的幸事

● 如果出现以下情况，你还得继续努力。

* 总是做最坏的打算

* 总感觉自己是受害者

* 嫉妒他人的天赋，感觉自己低人一等

* 无法发现生活中的美好

* 总是忘记总结经验教训

* 认为一切都是理所当然的

* 对于生活中的馈赠不知感恩

★ 自我激励宣言 ★

我对于自己所拥有的天赋和生命的馈赠心存感激。
我会敞开胸怀迎接美丽，并不断学习，以此来庆祝生命
中的每个时刻。我期望会出现最好的结果。

No.47
包 容

必有忍，其乃有济；有容，德乃大。 　　　　　　　　　　　　——《尚书》

成事不说，遂事不谏，既往不咎。 　　　　　　　　　　　　——《论语》

君子贤而能容罢，知而能容愚，博而能容浅，粹而能容杂。 　——《荀子》

什么是包容？

包容是能够接受你并不认同的事物。如果你想践行包容的美德，那么即使有人烦扰你，你也不会介意，而会继续专注于自己正在做的事情。

当你践行包容的美德时，你会变得更加灵活。有些人难以容忍与预期不符的任何变化。如果天气太热或太冷，环境太吵或太安静，或者有一些事情占用了太多的时间，他们就会变得焦躁不安。

当你践行包容的美德时，你就不会期待别人会像你一样思考、装扮或行事。你要接受差异。不要揪住别人的过错不放，对待自己的家人更是如此。

当你践行包容的美德时，你要分清对自己重要和不重要的事。当有人犯错时，你要表现出耐心，并能够原谅他们。你要欣然接受自己无法改变的事情。

为什么要做到包容？

不够包容的人无法忍受任何与他们的期待不符的事情。他们会因为别人做了自己不喜欢的事情，甚至仅仅因为别人与自己不同，而对其进行批评、抱怨和指责。他们不会忽视别人的缺点，而会试图去改变。他们也无法原谅别人。如果不够包容，人们大部分的时间都会郁郁寡欢，而他们周围的人也会如此。

包容能够赐予我们力量，让我们懂得灵活变通，让我们在困境中也能坚持下去。

当人们开始变得包容时，他们就会有更大的成长空间。如果我们有不喜欢彼此的地方，我们也会出于爱和友谊而忽视它。这会给我们双方提供一个自我改进的机会，因为这是我们想这么做，而不是非得这么做。当我们成为包容之人，我们就不会任由差异把我们分开。

怎样做到包容？

要做到包容，你就要耐心、灵活地与自己不喜欢的人或物共处。你不要期待所有人都和你一样。你要接受差异，不要因为别人看起来和你不同而去评论他们。

当事情进展得不顺利却又无法改变时，你要欣然接受，不要怨天尤人。

你要原谅他人，不要心存芥蒂或者迫切希望他人能够改变。在与他人相处的过程中，如果出现了不尽如人意的地方，你不要试图去改变对方，而要试着让自己做出改变。当你成为包容之人，你就能够接受自己与别人的观点存在分歧。你不会坚持让他们从你的视角来看待问题。当然，包容并不意味着当有人不公正或横行霸道时，你要一味地消极退让。

做到包容，就是帮助自己接受那些无法改变的事情。

● 如果发生以下情况，应如何做到包容？

* 你姐姐有一个不太好的习惯，但她似乎没有任何改变
* 你和父母正在长途旅行，但天气很热，你感到很不舒服
* 你和朋友对于谁的狗最聪明这个问题产生了分歧
* 妈妈接你放学时又迟到了，这已经是她这周第三次迟到了
* 你班上的一个同学总是偷你的铅笔
* 你遇到的某个人口音很奇怪

成功的标志

● 恭喜你！如果你做到下面几条，就说明你是个包容的人。

* 对于不同的观点持开放的态度
* 没有偏见

    ＊如果无法改变不舒适的环境，也不会抱怨

    ＊原谅他人，而不是对他人怀恨在心

    ＊当你和他人相处不融洽时，会改变自己

    ＊忽视他人的过错

    ＊接受自己无法改变的事情

◉ 如果出现以下情况，你还得继续努力。

    ＊认为一切分歧都会带来麻烦

    ＊试图让所有人都像自己一样思考和行事

    ＊试图改变他人

    ＊在不舒适的情况下无法做到不抱怨

    ＊接受不公正或霸道的行为

    ＊总想改变根本无法改变的事情

★自我激励宣言★

    我很包容。我会忽视他人的过错。我对于不同的观点持开放的态度。我会接受自己无法改变的事情。

No.48
信 任

自古皆有死，民无信不立。

以信接人，天下信之；不以信接人，妻子疑之。

——《论语》

——杨泉《物理论》

什么是信任？

信任是抱有信念，是依靠并相信某人或某事。信任是相信该发生的事情总会发生，而不会试图去控制或强制使事情发生，就如同你相信太阳一定会在早上升起一样，你无须做任何事情。

信任他人，实际上就是相信人们会自觉地做到自己所承诺的事情，无须去催促。信任自己就是相信自己拥有学习和成长的能力。

有时候，当生活给你带来痛苦时，你很难做到信任。信任并不意味着期待生活总是能一帆风顺。

信任就是你内心深处要确信，我们能够从生活赋予自己的一切事物中有所收获。当你有了信任，你就知道自己永远不会孤单。

为什么要做到信任?

如果没有信任，你会觉得事情只有在自己的控制下才能顺利进行，那些你根本无法控制的事情甚至也会令你担忧。试想，假如你总是担心如果自己不做点儿什么，太阳就无法照常升起，你还能睡好觉吗?

信任他人能够让你专注于自己需要做的事情。这样，你就不用再浪费精力去担心他人正在做的事情。

信任自己是成长的一个重要组成部分。如果你不信任自己，你就会担心自己可能会犯的每一个错误，而不会竭尽全力去做到最好，并且也不会相信只要全力以赴就足够了。

怎样做到信任？

当你愿意依靠自己和他人时，信任会随之而来。如果你相信事情总会有好的结果，那么你就会推动事情朝好的方向发展。

当你能做到信任时，恐惧就会消失。即使有令人感到困难或悲伤的事情发生，你也会相信发生这些事情是有原因的，这有助于你变得更加强大，有助于你从中学到更多的东西。当你能做到信任时，你就会放松下来，让事情朝着好的方向自行发展。你不会过于担心，而会直面自己的恐惧，然后任由它像小溪中的落叶一样漂走。

如果有人做出了承诺，信任他就意味着你会依据他的承诺制订计划，你不会去提醒、唠叨或试图去控制他。

那些总是不信守诺言的人是不值得你信任的。信任他们是极不明智的选择，而且这样做对他们自己也不好。只有当他们成为守信之人时，你才能信任他们。

● **如果发生以下情况，应如何做到信任？**

    ＊你和某人相处时遇到了问题

    ＊你的朋友向你做出了承诺

    ＊你担心野餐时会下雨

    ＊曾经弄丢过你东西的人想向你借你最喜欢的音乐光盘

    ＊你开始害怕会有不好的事情发生

    ＊你犯了一个错误

成功的标志

● **恭喜你！如果你做到下面几条，就说明你已经能做到信任了。**

    ＊相信一切事物都有好的一面

* 在痛苦的经历中吸取经验或教训

* 让信任赶走你的恐惧

* 知道只要自己尽力就足够了

* 信任他人，除非你有充分的理由不这样做

* 不唠叨、不焦虑、不试图控制

◉ 如果出现以下情况，你还得继续努力。

* 任由恐惧占据你的生活

* 在事情发生前就开始焦虑、担心

* 因为自己曾经犯过错误就不再相信自己

* 唠叨或试图控制你所依赖的人

* 对不值得信任的人继续给予信任

* 无法原谅那些曾经失信但现在想改过的人

★ 自我激励宣言 ★

我相信任何事情都有好的一面，一切恐惧和忧虑都会消散。我内心平和，知道自己并不孤单。我无须去控制任何人。

No.49
守 信

与朋友交，言而有信。　　　　　　　　　　　　　　——《论语》

人而无信，不知其可也。　　　　　　　　　　　　　——《论语》

丈夫一言许人，千金不易。　　　　　　　　　　——《资治通鉴》

什么是守信?

　　守信意味着你可以被依靠。当你成为守信之人，如果你做出了某个承诺或许下某个誓言，那么无论多么艰难，你都会做到言而有信。

　　当你成为守信之人，别人就能信赖你。他们会相信，只要有一线可能，你都会全力以赴去实现自己的承诺。

　　守信意味着如果有人要求你去做某事，一旦你开始去做，哪怕事情变得非常困难，你也一定会有始有终（并且会尽全力做好）。

　　守信之人以他们的决心、信誉和真诚而为人所知。他们信守承诺，别人也知道他们值得信赖。

为什么要成为一个守信的人？

　　如果人们都不守信，那么协议和承诺就会变得毫无意义。人们有时候会遵守承诺而有时候则不会。你永远也不会知道你能指望一个不守信的人做些什么。如果一个人不能被信任，那么人们就会对他感到失望。如果你不是一个守信的人，别人永远也不知道他们是否能够相信你或指望你做什么事情。

　　如果你是守信之人，言出必行，别人就能够信任你。他们不会怀疑你，也不会去检查你是否在做你所承诺的事情。

　　当人们能够对彼此守信时，他们就能够放松下来，因为他们知道承诺会被兑现。当人们守信时，其他人就相信他们会讲真话、会去履行自己的职责、会尽自己最大的努力去做事。一个守信的人是任何人所能拥有的最好的朋友。

怎样成为一个守信的人？

在践行守信的美德时，你可以在做出承诺前停下来思考，以确认这是你真正想做的事情，而且是你真正能够做到的事情。

你可以通过对他人和自己做出承诺来培养守信的美德，然后下决心去实现你的承诺，而不仅仅是尝试着去做。你开始做那些你答应去做的事时，要当心那些可能妨碍你实现承诺的事。总会有陷阱或阻碍出现，比如那些让你分心的事物、那些比你想象的更加困难的任务，或仅仅因为你感到太疲惫。

当你成为守信之人，你就能言出必行。无论遇到怎样的困难，你都会一往无前，因为你知道对自己而言，不辜负他人的信任是多么重要。

● 如果发生以下情况，应如何做到守信？

＊你的妈妈让你去买东西，并让你把找回的零钱带回来

＊你的朋友告诉了你一个秘密，但他不想让其他人知道

＊你承诺会做某项家务，但却被电视节目或某本书吸引了

＊有人要求你做某事，但你心里清楚这件事对你而言太难了

＊你有一项日常的家务要做，但你并不想做

成功的标志

● 恭喜你！如果你做到下面几条，就说明你是个守信的人。

＊在做出承诺之前考虑清楚自己是否能够做到

＊牢记对他人做出的承诺

＊做自己承诺过的事情

＊即使想去做其他事情，也会坚持做自己承诺过的事情

　　* 无论如何都要言出必行

　　* 完成你承诺过的事情

● 如果出现以下情况，你还得继续努力。

　　* 未经思考就做出承诺

　　* 忘记自己答应要做的事情

　　* 承诺去完成的事情太多，事实上根本不可能完成所有的事情

　　* 拖延——推迟做你承诺要做的事情

　　* 当你想做别的事情时，就放弃了你答应过要做的事情

　　* 总是分心

　　* 还未完成承诺的事情就放弃

★ 自我激励宣言 ★

　　我是个守信的人。我信守自己的承诺，言出必行。

　　我对得起别人对我的信任。

No.50
真 诚

君子养心，莫善于诚。　　　　　　　　　　　　　　　——《荀子》

欲修其身者，先正其心；欲正其心者，先诚其意。　　　——《大学》

什么是真诚？

真诚意味着你的言语和行为都是真实的。说出真相意味着不能说谎，哪怕是为了保护自己或者其他人，也不应该说谎。当你告诉别人自己的身份时，不要为了给别人留下深刻的印象而言过其实，也不要试图装成并不是你自己的样子。

当你成为真诚之人，你就不会相信不真实的事情。你不会向别人撒谎，也不会欺骗自己。

真诚就是能够分清真实和虚幻之间的区别。尽管两者能够同时存在，但你不会把它们混为一谈。对自己真诚就是依照自己的本性生活，就是做真实的自己。

为什么要成为一个真诚的人？

如果人们不够真诚，那么别人就无法分辨他们到底是在撒谎还是在说真话。人们就无法信任他们，无法去向他们求证真伪——什么是发生的事实，而什么又是虚构的故事。如果没有真诚，人们就会处于困惑和混乱之中。

如果人们都能够做到真诚，那么他们所说的话就能够被信任。他们所言就是所想，所想就是所言。真诚能够在爱与信任之间建立纽带。与诚实、真诚的人在一起时，人们的心里会更踏实。

人们如果能亲自去查证事情的真相，就不会允许别人左右自己的思想。他们不会形成偏见，也不会得出不公正或不真实的结论。他们就是公正而真诚的人。

怎样成为一个真诚的人？

如果要培养真诚的美德，那无论如何都要选择讲真话。如果有人问你的想法是什么，你就要告诉他你真实的想法（但要注意技巧！）。你如果犯了错误，就要勇于承认，不要试图掩盖过错。

要做到真诚，就要做到公正和敏锐。也就是说，要能够分辨真伪。如果有人告诉你一些关于他人的事情，而这些事情你没有亲眼看见，你就不能理所当然地将之视为事实。你要亲自去核实事情是否属实。

你要能分辨虚幻和真实，并且在与他人说话时也不要把二者混为一谈。如果你想发挥自己的想象力，那也很棒！这是你本来就有的一种天赋。你可以编故事，然后用无限的热情来讲述。"我刚刚在花园里找到了钻石。"然后你要告诉别人真实的情况是什么。"结果发现不过是些闪亮的小沙砾罢了。"如果你正在讲故事，你可以时不时停下来告诉别人真相是什么。

你要让人们看到你真实的身份和地位，不要为了让自己看起来重要而胡乱吹嘘。你自己本身就是有价值的。

◉ 如果发生以下情况，应如何做到真诚？

  * 有人告诉你，你最好的朋友说了你的坏话并且不想再和你做朋友了
  * 你发现自己正在通过编造谎言来掩盖错误
  * 你想夸大自己在某场比赛中的表现
  * 一个朋友问你对他戴6个耳环的事怎么看
  * 你想编一个鬼故事来吓唬妹妹

成功的标志

◉ 恭喜你！如果你做到下面几条，就说明你是个真诚的人。

  * 只说真话
  * 通过亲自调查真相做出公平、公正的判断
  * 能够分辨真实与虚幻
  * 当你并非在陈述事实时，就告诉别人你在讲故事

*如果你犯了错误，就主动承认

*知道自己已经足够好，不需要夸大事实来给人留下好印象

◉ 如果出现以下情况，你还得继续努力。

*把一切听到的消息都当成事实，而不去亲自核实

*无法分辨事实和编造的故事

*让人无法分辨真实和虚幻

*撒谎

*试图欺骗或误导他人

*为了给他人留下好印象或愚弄别人，装成不是你自己的样子

★ 自我激励宣言 ★

我很真诚。我讲真话。我会用自己的双眼去发现事实。我不需要刻意给别人留下好印象，也不需要夸大其词。我能够成为真正的自我。

No.51
团 结

天时不如地利，地利不如人和。　　　　　　　　　　　　——《孟子》

二人同心，其利断金；同心之言，其臭如兰。　　　　　　——《周易》

什么是团结？

团结是一种非常强大的美德，它能够带来伟大的力量。团结就是将宇宙万物视为一体。当你做到了团结，你就会感到自己与所有人和所有事都息息相关。

团结能够带来和谐，就如同乐队演奏出来的交响乐一般。团结并不意味着要相同，正如长笛永远不可能发出鼓声，但当共同演奏时，它们却能奏出美妙的乐曲。当你做到团结时，你就会重视整体中的每一个部分。团结能让你为自己的家庭以及整个人类大家庭带来和谐。

团结能够带来和平。团结意味着你不会试图让所有人都用同样的方式装扮、思考、行事和说话。团结的力量能够化解冲突，你也许能想到一个可以满足所有人需求的新办法，你会找到大家的共同点。团结是一种强大的力量，它能够点亮世界，结束战争。有了团结，你无论走到哪里，都能为那里带来和平。

为什么要做到团结？

如果没有团结，差异就会给人们带来恐惧，从而将他们隔离。偏见导致世界上很多地方不团结。他们全然忘记了我们同在这个地球上，我们应该彼此相爱。

人们如果没有万物为一体的意识，就会做出很多伤害地球的事情，比如有人会用残忍的方式杀害小动物，这样做仅仅是为了卖掉它们换取钱财，还有人会随意污染水和空气。如果没有团结，人们就会对地球和他人漠不关心。

如果一个家庭中有了团结，那么家人们就会相互帮助，相互倾听，相互包容。别人在这样的家庭氛围中也会感受到温暖。团结有强大的力量，因为它是有感染力的。如果一个家庭团结，那么这种力量就能够传遍全世界。

怎样做到团结？

差异不一定会带来伤害，无论是在某个小家庭还是在整个人类大家庭中都是如此。多样性能让生活变得更加有趣。如果花园里的花都是同一种颜色，那该多么乏味？如果家里每个人都和你一样，那不是也挺无聊吗？（别狡辩了，诚实点儿吧！）

家庭的团结并不意味着大家的行为或感觉都要一致。当问题出现时，大家会聚在一起，倾听彼此的意见。大家会一起寻找解决问题的方法，而不是互相指责。指责从来都不会成为有效对话的起点。你可以分享你的感受和想法，但不会固执己见。这就如同煲汤一般，你必须把土豆放进汤里，才能让汤有土豆的味道。如果每个人都能以信任和超然之心进行分享，那么结果就会很美好，而且每个人也将有所收获。

当你做到团结时，你会正视自己的偏见，并愿意消除它们。这就好像每片树叶各不相同，每个人也都是独一无二的。当你做到团结时，你会试着看到每个人的独特之处，你不会将其视为害怕或与之斗争的理由，而会将其视为一种天赋。

当你做到团结时，你会将地球视为一个美好的大家庭，你会尊重这世上的一切生命。

人类的团结就是感觉到自己与他人息息相关。一乐俱乐，一伤俱伤，一荣俱荣。

● 如果发生以下情况，应如何做到团结？

 ＊你看到学校里有同学戴着特别的头饰或穿着特别的衣服

 ＊你发现你所有的朋友都把垃圾倒进了一条小溪里

 ＊你对自己的哥哥或姐姐的做法很生气，忍不住想说一些伤人的话

成功的标志

➤ 恭喜你！如果你做到下面几条，就说明你已经能做到团结了。

　　＊将所有人都视为人类大家庭中的成员

　　＊在差异中看到各自的闪光点

　　＊在有人表达自己的偏见时，拒绝加入

　　＊通过倾听，共同寻找解决办法来化解矛盾

　　＊关心地球和一切生命

　　＊无论走到哪里，都是和平的使者

➤ 如果出现以下情况，你还得继续努力。

　　＊秉持一种"非我即敌"的态度

　　＊因为感到害怕，总是避免跟与自己不同的人在一起

　　＊把人分为不同的等级来对待

　　＊指责与自己意见不一致的人

　　＊伤害地球和其他生命

★ 自我激励宣言 ★

　　我欣赏差异。我不支持偏见。我是和平的使者。我关心地球和一切生命。

附录 A　讨论练习

讨论练习 1：逆反心理——"这不重要。"

● 读了第 009 页玛丽亚和罗伯特的故事后，请先各自回答以下问题，然后一起讨论。

1. 玛丽亚在学校学习时，有什么样的经历？

2. 因为她的那段经历，她在罗伯特身上投射了什么样的情感和需要？

3. 罗伯特的情况和玛丽亚童年的经历有什么不同？

4. 在这样的情况下，罗伯特需要什么样的美德？

5. 玛丽亚需要什么样的美德，才能够明白罗伯特的需求和自己的有所不同？

6. 罗伯特最想践行的美德是什么？

7. 说说你童年时期经历过的一次困境。它对你看待孩子需求的方式有怎样的影响？

8. 从那次困境中你有了哪些收获？由此培养了你的哪些美德？

参考答案

1. 不够完美、受到家人的羞辱、恐惧。

2. 害怕被人当成"笨蛋"，害怕别人发现自己的不完美。

3. 罗伯特并未受到羞辱，家庭和学校都提供了一个有助于其信心培养的环境。他也不像玛丽亚小时候那样在学习上遇到困难而没有被人发现。

4. 卓越、自律、决心。

5. 超脱、诚实、信任。

6. 卓越。

7. （根据自己的实际情况作答。）

8. （根据自己的实际情况作答。）

讨论练习 2：从羞辱到指明美德

● **当孩子做错事时，有助于他们良知培养和精神成长的有效方式包括：**

* 指明美德；

* 给他们一个解释的机会；

* 阻止他们的行为，并给他们相应的惩罚；

* 在给予惩罚之后，问问他们是否准备好践行美德了；

* 给他们弥补过错的机会；

* 当他们努力践行某种美德时，应予以肯定。

● **不利于孩子良知培养、阻碍孩子精神成长的方式包括：**

* 羞辱；

* 扣帽子或给孩子贴负面标签；

* 责骂；

* 打孩子；

* 过度保护或找借口开脱；

* 惩罚时间过长或过于严厉；

* 忽视孩子为改进而做出的努力。

● **使用以上两个清单，鉴别以下场景中父母的行为。圈出你认为最有助于孩子良知健康发展的选项。**

1. 一个13岁的孩子回家晚了，而家里已经制定了关于晚回家的规则，其中就包括如果不可避免要晚回家的话，她应该事先打电话通知家里一声。

a."你怎么能让我这么担心？回房间去，你这个没良心的孩子！我就知道你会不守规则！"

家长是在 _____

b. "简，你回来迟了。你没有打电话回来，我很担心。你一直都是个负责任的孩子。今天到底怎么了？"（随后，家长提醒她，作为惩罚，下周六不许她出门。）

家长是在 _____

c. "简，你不记得我们制定的规则了吗？我以为我们已经达成一致了。我对你真的非常失望。我以为我可以信任你的。"

家长是在 _____

2. 一个3岁的小孩用积木打了另一个小孩的头。那个被打的小孩正在哭喊。

a. "玛丽，用东西打人在任何时候都是不对的。你刚刚把约翰打疼了。因为你没有跟别人和平相处，所以你现在必须去房间里反思，我让你出来的时候你才能出来。"

家长是在 _____

b. （打玛丽的手）"坏孩子。你这样做是不对的。"（然后转向约翰的妈妈）"我不知道她今天是怎么了。她可能只是累了。"

家长是在 _____

c. "你这样可能会出人命的！出去，你没办法跟任何人玩。"

家长是在 _____

3. 你发现一个6岁的小孩在衬衫上剪了一个洞。

a. "你怎么敢这样？你疯了吗？买这件衬衫我花了好多钱。我以后再也不会给你买新衣服了。"

家长是在 _____

b. (把剪刀收起来) "衬衫不是用来剪的。你需要对自己的衣服负责。下次给你买衬衫的钱要从你的零花钱里扣了。"

家长是在 _____

c. (一把抢过剪刀) "够了。剪刀我没收了。把裤子脱掉，你的小屁股要挨揍了。"

家长是在 _____

4. 例2中那个拿积木打了朋友的小孩回来了，并且已经乖乖玩了15分钟，其间没有发生任何问题。

a. 家长什么也没说——担心再次引起风波。

家长是在 _____

b. 妈妈小声和其他家长谈起刚才的事情，并表示自己非常担心女儿有好斗的倾向。

家长是在 _____

c. 家长走过来，微笑着说："你现在能好好玩了，你做得很好。"

家长是在 _____

参考答案

标 * 的是最佳做法

1. a. 扣帽子、责骂、羞辱。

   b.* 指明美德、给孩子一个解释的机会并实施惩罚。

   c. 责骂、羞辱。

2. a.* 给予适当惩罚并指明美德。

   b. 打孩子、过度保护。

   c. 羞辱。

3. a. 责骂、羞辱。

    b. 指明美德、给予惩罚并给孩子弥补过错的机会。

    c. 羞辱、打孩子

4. a. 无视孩子为改进而做出的努力。

    b. 羞辱。

    c. 肯定孩子的美德及其为改进而做出的努力。

讨论练习 3：识别教育时机

❡ **在以下父母的反应中，圈出你认为最有效利用了教育时机的一项。**

1. 一个4岁的孩子不愿意与来访的小朋友分享自己的玩具，不停地把玩具抢回来。

   a. 问一下孩子，在他的玩具中哪些是他愿意分享的，哪些是他不愿意分享的。给他一个选择，前提是，当朋友来访时，他得热情相待。

   b. 告诉他这样做很自私，如果他不能分享，他的朋友就要回家了。

   c. 把来访的小朋友带到另外一个房间。

2. 7岁的孩子哭着从学校回到家，告诉你他在学校受到了其他小孩的嘲讽。

   a. 告诉他要开始保护自己，并带他上了一节拳击课。

   b. 用尊重的方式倾听他的感受。在他说完后，问他你怎样做才能帮助他提升信心，并让他在学校里感到安全。

   c. 告诉他，他应该更加超脱，如果他不去理会这些孩子，也许他们就会停止嘲讽他了。

3. 3岁的女儿陪你逛街时，将商店里的一件陈列品拆下来了。

   a. 告诉她对商店老板应该有礼貌，并帮助她把陈列品放回原处。

   b. 让她停下来，坐着别动，然后你自己把陈列品放回原处。

   c. 用小饼干转移她的注意力，觉得她不过是一个孩子而已。

4. 下午你10岁儿子的两个朋友来访，你听见他正对其中一个朋友恶语相向。

   a. 用严厉的口气要求他友善待人。

b. 把他带到别的房间，提醒他应该友好地对待自己的朋友。

c. 选择无视，认为孩子都这样。

5. 你14岁的女儿能够自觉做家务，从不需要提醒。

a. 什么也不说，担心她会产生逆反心理，不再这么负责任了。

b. 告诉她，她很棒，你希望其他孩子也能像她一样。

c. 告诉她，你非常欣赏她的可靠品质，她对自己的工作非常负责。

参考答案

1. a; 2. b; 3. a; 4. b; 5. c。

讨论练习 4: 准备好了吗?

● 作为监护人，在以下场景中，你应如何对孩子表示支持？（从 a、b、c 中选择。）

1. 邻居家7岁的孩子身上总是有很多钱，你怀疑他是从附近的糖果店偷的，而他总是想跟你7岁的儿子玩耍。你的儿子是一个文静又害羞的孩子，你担心这个孩子会对他产生不良影响。可是，你的儿子好像对这个孩子很感兴趣，并总想跟他在一起玩。

a. 禁止你儿子跟这个孩子玩耍。

b. 开诚布公地跟你儿子讨论这件事情。然后确定你儿子会影响他人还是会被他人影响。如果你依然担心他会受到负面影响，那么暂时先限制或减少他和这个孩子在一起的时间。

c. 让你儿子自己来做决定。这是他的生活，他得学会抵制诱惑。

2. 你12岁的女儿想在朋友家过夜，而她这位朋友的父母经常不在家。她最近有些叛逆，你担心即使她们无人监管她也不会承认。

a. 打电话给她朋友的父母，确认他们是否在家，然后再决定是否批准她在朋友家过夜。

b. 问女儿她朋友的父母是否在家，然后再决定是否批准。

c. 不批准，因为你无法确定她朋友的父母是否在家。

3. 你9岁和10岁的孩子请求你带他们去看一部电影，但是你认为这部电影中有不适合孩子听到的粗话和不适合孩子观看的与暴力以及性有关的场景。他们所有的朋友都看过这部电影。

a. 依然允许。因为如果你不允许的话，他们就会与朋友格格不入并且可能受到排挤。

b. 向他们解释，你不想让暴力的画面留在他们的记忆中。一旦这些画面被记住了，它们就有可能在记忆中停留一辈子。

c. 试着说服他们，看这样的电影是不对的，但让他们自己做出选择。

4. 你居住的社区发生了孩子被司机挟持和猥亵的事件。

a. 自己开车送孩子出门，即使目的地就在附近。

b. 让孩子待在家里，但是什么都不说，因为说了会让他们感到不安。

c. 跟你的孩子解释，有些人会伤害小孩，为了保证他们的安全，他们不应独自在社区闲逛。制定一项新的规则，要求他们必须在自己或在他们哥哥或姐姐的陪同下才能外出。教他们如何跟陌生人说"不"。

5. 你去拜访朋友时，带上了自己还在学步的孩子。而朋友的孩子比较好斗，脾气也很暴躁。你发现自己两岁的孩子已经开始感到烦躁不安。

a. 让孩子好好玩。

b. 通过讲故事来吸引孩子，或者让他们参与到其他更安静的游戏中，或者带孩子回家。

c. 让你的朋友好好管教一下自己的小孩。

参考答案

1. b; 2. a; 3. b; 4. c; 5. b。

讨论练习 5: 认可美德

⬤ **在以下场景中, 你认为孩子践行了哪些美德, 而你又该如何对他表示认可呢?**

例如: 玛拉因为打了弟弟被罚离开5分钟, 现在她回来了, 并向弟弟道了歉。她的爸爸发现她已经安静地玩耍了5分钟。于是爸爸对玛拉笑了笑, 说: "玛拉, 我知道你已经记住要跟弟弟和平相处了。"

有效的美德认可包括三个部分: (1) 开场白: 玛拉, 我知道你已经记住要……; (2) 一种美德: 和平相处; (3) 具体的践行方式: 跟弟弟。

1. 你8岁的儿子刚开始上钢琴课, 尽管他对练琴时常抱怨, 但你发现他已经自觉连续练了3天。你认为他具备了哪些美德? 你会怎么说呢?

2. 你3岁的孩子触摸小婴儿时非常温柔。你认为他具备了哪些美德? 你会怎么说呢?

3. 5岁的孩子虽然不愿意停止看电视而去摆放餐具, 但他还是这么做了。你认为他具备了哪些美德? 你会怎么说呢?

4. 10岁的孩子在等你完成手头的工作, 他等了半个小时。你认为他具备了哪些美德? 你会怎么说呢?

具备的美德

1. 卓越、坚毅、自律。

2. 温柔、关心、爱。

3. 可靠、守信、帮助、超脱。

4. 耐心。

讨论练习6: 用美德来纠正行为

◐ **在以下场景中，父母都有机会向孩子指明美德。父母要把孩子作为平等的个体来对待，不要对他们进行批评或辱骂，这样美德才能成为被关注的焦点，孩子才能从中获益。**

例如：父亲看到自己4岁的儿子和其他小朋友玩着玩着好像有些生气。似乎他马上就要用积木打人了。父亲此时可以选择说教："冷静点儿，彼得，不然你就得离开了。"他也可以选择无视，并希望事情好转，或者采取保护举措，同时对其进行美德教育。例如，他可以轻轻地把孩子抱到腿上，说："彼得，你觉得自己现在可以好好玩了吗，还是你想自己一个人先玩一会儿？"

下列情形中，孩子应该践行哪些美德，你会怎么对他说？

1. 一个10岁的孩子借了一些工具，用完后就丢在院子里。

　　_____

2. 一个3岁的孩子从妈妈的抽屉里拿出口红，开始在墙上乱画。

　　_____

3. 一个8岁的孩子连续3天都穿着同一件衣服。

　　_____

4. 一个6岁的孩子正冲着自己的姐姐大喊大叫，手里还挥舞着一根棍子。

　　_____

应该践行的美德

1. 守信、责任心、可靠。　　　　3. 整洁。

2. 尊重他人的物品以及爱护房屋。　　4. 和平。

讨论练习 7：始终如一的力量

● **阅读下面这个真实的故事，然后回答问题。**

一个家庭中有两个男孩，一个6岁，一个8岁。父母允许他们在家附近的树林以及社区里探险，但前提是他们每天下午5:00之前必须到家，不是5:05，也不是5:03，而是5:00。他们从来没有违反过这个规定。

有一天，在下午4:58时，妈妈开始担心起来，因为孩子们从来没有这么晚过，通常他们都会提前10分钟回来。5:00的时候，家里的大门"砰"的一声被撞开了，两个孩子扑倒在地，身上满是芒刺和荆棘。"我们做到了吗？"他们大口喘着气问道。"很幸运，你们非常准时。你们已经具备服从的美德了。"妈妈微笑着回答道。

如果他们违反了规定，会有怎样的严重后果呢？他们会失去在附近玩耍的自由，而且接下来还得在家里待上一整天。

1. 你认为在这两个孩子心中，是什么拥有如此大的力量？

_____

2. 为什么他们如此重视家里的规定？

_____

3. 这样的规定是如何使得父母避免陷入权力斗争的？

_____

4. 在事例中，父母始终如一与严格的态度起到了什么样的作用？

_____

5. 在你看来，坚持遵守家庭规则，对孩子自尊心的培养会起到何种作用？

_____

　　孩子们遵守家规的动力并不是对禁足一天这种惩罚的恐惧。制定规则对这些孩子而言意义非凡，因而他们也会格外重视。他们也许只是想保持一个完美的记录。父母始终如一的态度是他们坚实的依靠。

讨论练习 8： 家庭基本规则会带来怎样的改变？

● **接下来的练习是为了帮助你认识，在制定了基本的家庭规则之后，会带来怎样的改变。**

一个13岁的孩子在周六早晨通常会打扫房间，这个周六早上他要去参加运动项目的训练。你认为以下两种场景有何不同？

1. 在该场景中，家里并没有制定明确的规则。 家长只是希望每周六孩子都能将房间打扫干净。

家长："杰夫，回你的房间去，立刻把房间打扫干净。我不管你训练是不是要迟到了。按照我说的话去做，不然你一个月都别想出门了！"

a. 这样的家长会给孩子留下怎样的印象？

_____

b. 家长真正的感受是什么？是想要控制还是无可奈何？

_____

c. 杰夫对这种要求会如何回应？

_____

d. 没有家规会导致什么样的权力斗争？

_____

如果没有明确的基本规则，家长可能会被看作专制易怒的权威型父母，这必然会招致孩子的反抗。家长也会感受到挑战，特别是当孩子处于叛逆期时。这会导致家庭权力的斗争，一方面像杰夫这样的孩子可能会愤然反抗，离家出走，留下生气无助的父母。另一方面，这又会增加父母对控制权的需求，以进一步树立自己的权威。

2. 在该场景中，家里已经制定了基本规则，每周六，所有人在离家之前都要将房间打扫干净，最迟要赶在中午之前完成。

杰夫：(冲到爸爸面前说)"我今天没法打扫房间了，我训练要迟到了。"

爸爸："杰夫，只要你打扫好房间就可以出门了。你应该知道家里的规则是怎样的。"

a. 杰夫会如何回应呢？

_____

b. 家长需要训斥或唠叨吗？（"杰夫，你很清楚这是家里的基本规则。现在快回去把房间收拾干净！"）

_____

c. 如果家长能像事例中那样冷静地陈述情况，知道家里的基本规则很明确，而且杰夫也很清楚，那么会发生什么呢？

_____

d. 面对恳求和讨价还价，最好的应对方法是什么？（"但是，爸爸，我要迟到了，而且我是四分卫①。如果我迟到的话，教练会很生气的。我保证回来以后立刻打扫房间。"）

_____

在上述日常普通事例中，父母面临一个重要的选择：做一名独裁者、唠叨者、放纵者……抑或一名教育者。很多时候父母都有可以变通的余地，但是当家庭的基本规则制定后，对父母而言，最好还是能够坚持原则。杰夫也有选择，他可以早点儿起床并收拾好自己的房间，因为他知道在打扫好房间之后，自己才

———————————

①译者注：美式橄榄球中的一个战术位置。四分卫是进攻组的一员，排在中锋的后面、进攻阵型的中央，通常是临场指挥的领袖。

可以出门。他也可以发挥自己的创新能力，在周五下午就提前把房间打扫干净。

他知道，这是一个清晰的、简单的并且大家一致认可的规则。如果他要讨价还价的话，父母只需说："你知道规则是怎样的。"如果确实有必要对规则做出改变，孩子有权提出和父母进行商议，但这并不意味着如果无法很好地遵守规则，就可以立刻对其做出临时性变更。

a. 当家里的基本规则设立得简明、公正、清晰并始终如一时，孩子能够从中学到什么？

_____

b. 对于该规矩的处理方式，会如何影响杰夫对其他规则的态度？

_____

c. 如果这条规则被忽视了，杰夫还会遵守其他的家庭规则吗？

_____

如果家庭基本规则的执行能够做到始终如一，没有协商的余地，孩子就能学会信任。他们知道，规则就是规则，是很明确的。如果一项基本规则被改变或打破了，那么对孩子而言，其他的规则也可以不被遵守，那么每一条规则就都是可以讨价还价或可以被质疑挑战的。

运用基本规则的好处就在于，孩子和父母无须在权力斗争中相互竞争。他们无须争辩，因为规则可以自己说话。

讨论练习 9: 在一定范围内给予孩子选择权

1. 睡觉时间

妈妈规定了晚上7:30必须上床睡觉，她问自己3岁的孩子："你现在想上床睡觉吗? 你一定很困了吧? "

a. 这种说法错在哪里?

_____

b. 孩子可能会给出何种回应?

_____

c. 如果是你，你会如何在7:30上床睡觉这一基本规则的前提下给孩子选择权?

_____

参考答案

a. 妈妈给出了选择，但实际上她已经决定了结果，那就是没有选择。这样说会导致权力斗争。

b. 孩子可能选择不去睡觉。

c. "你想穿蓝色的睡衣还是红色的睡衣呢? ""你想让爸爸给你讲睡前故事还是由妈妈来讲? "

2. 预防意外

一个小宝宝正跟妈妈一起拜访安阿姨，她正在朝一个易碎的花瓶靠近，她看向妈妈，看看妈妈会怎么做。

请用下列选项给以下做法评分。

(M) 最有效

(L) 最无效

(S) 某种程度上有效

辨别在以下做法中妈妈各设定了什么样的界限，并说说你这样评分的理由是什么。

a. 妈妈以反对的语气说："不行。不可以，莎拉。你这样做试试。如果你这样做，我就要打你屁股了。"

妈妈是在 _____

b. 妈妈冷静地说："那个花瓶不是用来玩的，莎拉。你要尊重安阿姨的东西。这里有一些你可以玩的东西。"

妈妈是在 _____

c. 莎拉不听劝告，继续摆弄安阿姨卧室的易碎物品，妈妈认为她现在还无法抗拒这些闪闪发光的诱惑。于是，妈妈决定把她的好奇心和注意力转移到厨房。

妈妈是在 _____

参考答案

a. 最无效。妈妈是在威胁孩子，她预计孩子的表现会很糟糕，这也会导致孩子的表现真的很糟糕。

b. 最有效。妈妈提供了一个孩子可以接受的选择，她给予了孩子培养自律和尊重的美德的绝佳机会。

c. 某种程度上有效。妈妈意识到对小孩子来说这很难做到，所以想用积极的方式重新去引导她。

3. 权力游戏

以下事例讨论的是父母可以用来处理权力斗争的方法。在下面这个事例中，刚刚学步的婴儿正坐在餐厅的椅子上等待客人到来。请先阅读事例，然后回答问题。

3a. 意志之战

妈妈："查克，我们的客人来了。你是不是应该从大椅子上下来，坐到自己的高脚椅上？"

查克："不要。"

妈妈："查克，如果你不这么做的话 K 先生就没有地方坐了。"

查克："啊哈。"

妈妈："查克，你在自己的椅子里不是更舒服吗？你坐在高脚椅上就可以看到每个人了。"

（查克不为所动。）

a. 在这场"斗争"中妈妈为什么失败了？她忽略了什么？

_____

b. 如果妈妈为孩子"设计"选择的方式有所不同，那么情况会有什么样的转变？如果有选择的话，你认为查克会怎样选？

_____

参考答案

a. 她看似是给了查克一个选择，但实际上根本就不存在选择。她没有设定好界限。

b. 她可以在自己能接受的界限内，给查克提供选择。

3b. 从专制到服从

以下是以美德为基础的沟通方式，妈妈的目的是培养查克服从和有礼貌的美德。

妈妈："查克，你现在要坐到自己的椅子上了，K 先生已经到了。"

查克："不，我不想。"

妈妈：（把查克抱起来，放在他自己的椅子上）"可是如果 K 先生坐到你的高脚椅上不是显得太傻了吗？"

（查克也许会被逗得哈哈笑，但他明白妈妈是认真的。如果他当时就是想反抗或是没睡好，他也许会想让斗争升级。）

查克："我不想！"

妈妈："查克，你现在有两个选择。你可以选择服从，然后和我们一起吃饭，或者去自己的房间吃饭。"

a. 在3a 和3b 的事例中，你认为妈妈的态度有何不同？

_____

b. 两个事例还有哪些不同？

_____

c. 你认为，如果查克在和妈妈的博弈中占了上风（不管是有意识的还是无意识的），他会感觉如何？

_____

参考答案

a. 在3a 的例子中，妈妈没能成功化解冲突，并感到非常无助。她引发了权力斗争。在3b 的例子中，她坚定、慈爱，并给了查克一个在一定范围内进行选择的机会。

b. 没有界限和有界限；有权力斗争和没有权力斗争；支持查克自私和教育

他有礼貌。

　　c. 表面上沾沾自喜，但实际上心里会感到焦虑、不确定和愧疚。

3c. 灵活创新

（K 先生走进来的时候，查克依然坐在大椅子上。查克并不想坐到自己的高脚椅上。）

　　妈妈："查克，如果你能帮爸爸多搬一张椅子给 K 先生的话，你今天晚上就可以坐在大椅子上。你要不要问问 K 先生，他想请你如何安排他的座位呢？"

　　a. 在你看来，这教会了查克什么？

　　b. 这种方法让你感到舒服吗？为什么呢？

4. 选择时间

　　阅读并讨论下面的事例。在下面的事例中，孩子在遵守原则的情况下，被给予了选择的权利。

　　两位女士约好在公园见面，其中一人已经搬家两年了，今天正好回来。她们是很好的朋友，非常想在一起叙叙旧。一位女士有3个小孩，最小的只有两岁。两位女士刚刚开始期待已久的交谈，这个两岁的孩子就变得不耐烦起来，并想尽办法吸引妈妈的注意力。妈妈和朋友暂停聊天，她走过去把这个孩子放到腿上，并且对她说："玛丽亚，到你选择的时间了。你现在有两个选择来表现礼貌。我想和朋友聊天，我们需要听到彼此说的话。你可以选择安静地坐在我腿上，或者在那边跟卡洛斯和路易斯一起玩玩具卡车。你想选择哪一个？"

　　玛丽亚选择跟哥哥们一起玩，并确认如果她需要拥抱的话，她可以去找妈妈，但前提是她必须得保持安静。

a. 这里涉及哪些美德?

_____

b. 妈妈是如何表现其中的一些美德的?

_____

c. 说说这种方式适用于玛丽亚和妈妈的3个理由。

_____

参考答案

a. 礼貌、服从、耐心。

b. 她私下和玛丽亚说话的方式体现了礼貌的美德。

c. 玛丽亚拥有两个她可以接受的选择。妈妈表达得很清楚。她同时考虑了自己和女儿的需要。玛丽亚的尊严并没有因为服从妈妈而受到伤害。

讨论练习 10：这些情况有什么问题?

讨论

    a. 这些父母的行为会给正在学习美德的孩子带来怎样的影响?

    b. 在这些情况下，父母怎样做或怎样说更好?

    c. 说出每种情况所涉及的美德。

    1. 孩子们正在游戏房里大声地打闹嬉戏，但爸爸想休息一会儿。爸爸面带怒色，大吼道:"别吵了!"

        a. _____

        b. _____

        c. _____

    2. "不许打妹妹!"妈妈一边打儿子的屁股，一边吼道。

        a. _____

        b. _____

        c. _____

    3. "我知道我迟到了一个小时，"妈妈结束了一天的漫长工作，回到家喘着气说，"你为什么还没有把垃圾清理出去呢? 我还能指望你做什么? "

        a. _____

        b. _____

        c. _____

4. "你是不是拿了吉米的玩具汽车？"爸爸问，他知道女儿把儿子的玩具藏在了身后。

a. _____

b. _____

c. _____

参考答案

1. a. 礼貌被忽视了。爸爸的行为是失控的表现——以大喊大叫来压制大喊大叫。孩子们会认为受到了羞辱。

   b. "我想休息一会儿，我需要安静的环境。请你们体谅一下爸爸，在接下来的一个小时里保持安静。"

   c. 礼貌、帮助、体贴。

2. a. 妈妈用暴力的方式告诉孩子不要使用暴力。除了"别惹妈妈生气"以外，孩子学不到任何东西。孩子会觉得受到了羞辱。

   b. "你要跟妹妹和平相处。如果你生气了，应当直接和妹妹说。"

   c. 和平、温柔、坚定。

3. a. 妈妈正在告诉孩子要可靠，但她自己的行为却刚被证明是不可靠的。对孩子来说，他会对这一美德的概念感到困惑。当妈妈晚回家后，在与孩子的接触中也没有体现爱与和平的美德，整个氛围都非常紧张。

   b. "我回家迟了，非常抱歉。但我实在是没有办法。"随后，她才和孩子说起要记得扔垃圾。

   c. 可靠、和平、谦虚。

4. a. 爸爸不诚实，明知故问。他想要控制孩子，并制造了权力斗争。如果已经知道答案，就不要再提出问题了！

   b. 爸爸在伸手拿卡车时说："如果你没有经过吉米同意就拿走了他的玩具卡车，这就是不尊重他人的行为。如果你尊重他，也许他会愿意与你分享。"

   c. 诚实、尊重。

讨论练习 11: 家庭美德史

● 建立价值观是一项特殊的活动

作为家庭文化的创造者、家庭价值观的建筑师, 你对孩子的成长具有重大影响。价值观是精神世界的重要组成部分。每个家庭的价值观尽管不尽相同, 但总是存在的。无论出生在什么样的家庭, 孩子都会传承家庭的价值观。多年来, 我们的价值观尤其是童年时所形成的价值观, 在我们成年后也会对我们的选择产生决定性的影响。这些价值观是我们道德规范的内涵, 赋予我们生活的意义与目标, 我们的行为都受其影响。我们成长的过程便是与价值观融合的过程, 这种融合是真正的精神训练。

以下练习旨在帮助你认识父母传承给你的价值观以及你作为成年人对这些价值观的感受, 并反思你希望传承给孩子怎样的价值观。如果回答太长, 可另附纸张。

● 简要介绍一下你最初的家庭文化

1. 在你小的时候, 你的父母灌输给你的是怎样的价值观? 对你的家庭而言, 什么是最重要的? 你是如何知道的? (例如: 休闲重要吗? 教育呢? 家庭呢?) 你还记得你家有什么口头禅或 "说法" 吗?

_____

2. 你的家庭对于储蓄和开支有着怎样的观念?

_____

3. 你家有关物质和精神层面的观念是怎样灌输给你的? 在你的记忆里, 父母和你说得最多的话题是什么?

_____

4. 请用3个词来描述你的家庭最重视的价值观。

_____

5. 在你的家庭中，什么样的价值观是你希望传承给自己的孩子的? 有哪些价值观是你希望改变或增加的?

_____

讨论练习 12: 自信心培养史

● 负责任也是一种精神活动

从孩子幼儿时期开始，只要我们将他们视为有责任心的人，他们就能够发展出极强的责任感和自尊心。

当我们被赋予某种能力时，我们要主动去发展它。孩子在很小的时候，就已经有能力对自己的物品负责，就已经是家中可靠的、重要的成员，他们还能自己做出选择。如果父母没有在孩子的这种能力出现时就予以重视，那么这将是父母最失职的表现之一。

鼓励孩子承担责任，实际上是为他们提供精神成长的机会。做选择和负责任都是日常行为，这为父母提供了很多教育孩子的机会，同时也是培养孩子的自尊心和自信心的主要途径。

当孩子正尝试一些新事物，尤其是当他们试着完成某项任务或解决某个难题时，他们如果能从父母或其他监护人那里获得精神上的支持，这将非常有助于他们建立自信心。父母最有力的支持是，热情地肯定和鼓励孩子的努力和成绩，并在他们做错时温和地鼓励他们不断改进。

当孩子受到批评、攻击、纵容、嘲讽、冷落或者被忽略时，他们将很难树立自信心和学会负责任。

如果父母想要了解孩子对他们的需要，可以回忆一下自己童年的经历。

把自己想象成一个孩子，然后写下你在自信心和责任心培养方面的心得，你可以单独用一张纸来写。

1. 你还记得自己在学习阅读、系鞋带、骑自行车、开车以及做饭时的经历吗? 你是否感觉到自己在父母眼里是个有能力的孩子?

_____

2. 负面的评价总是带着强烈的情绪，而正面的评价则恰恰相反。想想你的父母或是对你非常重要的成年人曾经给过你的正面和负面的评价，其中让你印象最深的是什么？

――――――――――――――――――――――――――

3. 你的父母曾经给你贴过怎样的"标签"？这些"标签"给你带来了怎样的影响？

――――――――――――――――――――――――――

4. 你的哪一项品质或哪种美德是你父母最欣赏和尊重的？

――――――――――――――――――――――――――

5. 从你自己的成长经历中，在如何教育孩子方面你获得了哪些启示？

――――――――――――――――――――――――――

讨论练习 13: 给予孩子精神陪伴

精神陪伴对每个面临道德选择的人都非常重要。当孩子还小的时候,父母的精神陪伴能够给他们的精神成长和自尊心培养打下良好的基础。

请记住,在以下练习中,倾听可能会占用大量的时间,父母要安静地倾听,并给予孩子足够的尊重和关注。

请就以下事例写出:

a. 大部分父母在这种情况下会做出的经典回答;

b. 一个可以帮助孩子吐露心声、支持孩子进行自我探索的问题;

c. 一个能够引导孩子反思美德、有助于孩子解决困难的问题。

例如:一个9岁的小女孩总是和邻居家的小孩玩耍,有一天她看到又搬来了一个小女孩,那个女孩正在努力吸引她的注意。她感到非常困扰,不知道自己是否应该抛弃老朋友,结交新朋友。

父母可以问的问题(这期间需要花大量的时间去倾听):

吐露心声式的问题:"琳,你感觉最让你困惑的是什么?"

反思美德式的问题:"你认为怎样做对两个女孩都公平呢?"

1. 你儿子不喜欢的一个孩子总是打电话或来你家找你儿子玩。你儿子问你,他该怎么办。

    a. 经典回答:＿＿＿＿＿＿＿＿＿＿＿＿＿＿＿＿＿＿＿＿＿＿＿＿

    b. 吐露心声式的问题:＿＿＿＿＿＿＿＿＿＿＿＿＿＿＿＿＿＿

    c. 反思美德式的问题:＿＿＿＿＿＿＿＿＿＿＿＿＿＿＿＿＿＿

2. 你10岁的女儿向你抱怨她12岁的姐姐的做法。她曾经与姐姐约定可以分享衣服穿，但最近姐姐总是借走她最喜爱的衣服，她希望你能阻止姐姐这么做。

    a. 经典回答：_____

    b. 吐露心声式的问题：_____

    c. 反思美德式的问题：_____

3. 你7岁的孩子非常沮丧，因为他的朋友在商店偷东西时，正好被他撞见了。他不知道是该告诉店主或朋友的家长，还是装作什么都没有看见。

    a. 经典回答：_____

    b. 吐露心声式的问题：_____

    c. 反思美德式的问题：_____

4. 你5岁的小孩回到家里，向你详细地讲述了一个故事，而你知道这是他编造的。

    a. 经典回答：_____

    b. 吐露心声式的问题：_____

    c. 反思美德式的问题：_____

5. 你8岁的孩子冲进家里，向你坦白他在一家杂货店里偷了一块糖果。他告诉你自己只是出于好奇，想看看这样做能否不被抓到。

    a. 经典回答：_____

    b. 吐露心声式的问题：_____

    c. 反思美德式的问题：_____

参考答案

1. a. "为什么你不愿意和他玩呢？"

   b. "你和他一起玩有什么困扰你的？"

   c. "你怎么样才能有技巧地向他表达自己的真实感受呢？你要怎样才能有勇气去做这件事情？"

2. a. "我会找她谈谈的。"

   b. "现在这种情况下，你认为最让你感到烦闷的是什么？"

   c. "怎样才能体面地改变你们的约定呢？"

3. a. "我不想让你再和他一起玩了。"

   b. "你对此最担忧的是什么？"

   c. "你认为最能帮助到你朋友的是什么？"

4. a. "别编故事了。"

   b. "编故事确实很有趣。接下来发生了什么？"

   c. "真相是什么？告诉我事情的真相吧。"

5. a. "你到底是怎么了？快回去告诉店主你做了什么。"

   b. "你在好奇什么？你拿了糖果之后是什么感受？"

   c. "你要怎样做才能弥补呢？诚实的做法应该是怎样的呢？"

当孩子面临道德选择时，你会想让孩子在能力范围内做出正确的决定。如果他们无法抉择，你可以给他们一些建议，但依然需要他们自己做决定。只有这样才能促进他们的精神成长，他们的自尊心才会得到增强。

附录 B 父母在引导孩子表现最佳自我时"可以做"和"不可以做"的事情

以下内容是本书前三章的概要，是父母在引导孩子精神成长时"可以做"和"不可以做"的事情。

◆第一章 我们的孩子到底是谁？

—— 孩子的精神属性

作为孩子的导师

可以做

* 寻找自己和孩子身上的美德

* 把孩子视为精神战士

* 成为教育者

* 专注于孩子的道德成长

* 管理孩子的内在美德

* 引导孩子表现出最好的一面

不可以做

* 成为完美主义者

* 溺爱或过度保护孩子

* 仅仅扮演孩子的照看者的角色

* 把孩子看作一块白板

* 对孩子放任自由

* 认为孩子仅仅是自己的倒影

* 宠爱孩子，把他们看作小王子或小公主

在认识孩子的本质方面

可以做

＊把孩子视为精神独立的个体

＊洞察孩子的真实需要

＊期望孩子能够追求卓越

＊欣赏孩子的独特性

＊对于自己的期望设定清晰的界限

＊当孩子表现欠佳时予以宽容

＊给予孩子充足的自由时间

＊知道什么时候应该放手

不可以做

＊承担孩子所做选择的所有责任

＊陷入逆反心理的陷阱

＊给予孩子太多

＊过度表扬孩子

＊把自己的风格作为一种价值观强加给孩子

＊把不现实的期望强加给孩子

＊期望孩子能够弥补自己的不足

＊无时无刻不在教导孩子

◆第二章　父母该如何做？

——美德培养原则与实践

父母作为教育者

● 策略1：识别教育时机

可以做

* 意识到人生就是一个不断从教训中学习的过程

* 把生活中的考验看作锻炼美德的机会

* 挖掘孩子内在的美德

* 指明美德

* 指明孩子需要践行的美德

* 使用美德而不是标签

* 在孩子践行美德时及时予以肯定

* 为孩子做他们自己做不到的事情

* 将内疚感视为需要做出改变的信号

不可以做

* 无视教育时机

* 逃避生活的挑战

* 约束孩子的行为

* 羞辱、责骂孩子

＊用消极的语言或美德给孩子贴标签

＊帮孩子做他们自己可以做的事情

＊孩子犯错时辱骂孩子，事后又滥用内疚感

当孩子犯了严重的错误时

可以做

＊制止孩子的行为

＊指明某个具体的美德

＊简要解释为何这样做是不正确的

＊立刻实施相应的惩罚

＊鼓励孩子做出补偿

＊成为老师，而不是说教者

不可以做

＊羞辱孩子

＊感到意外或震惊

＊使用美德进行说教

＊训斥孩子

＊让孩子按照父母认为正确的方式行事

● 策略 2: 使用美德语言

可以做

＊用美德来肯定

＊用美德来纠正行为

＊选择核心美德，创造家庭愿景

＊寻找家庭可以为社会服务的方式

＊适度对孩子进行肯定

＊总是对孩子的努力做出肯定

＊用美德纠正孩子的行为时要有针对性

＊指明行为，而不是行为者

＊提出简单的、正面的要求

＊做到明确、有针对性

不可以做

＊使用羞辱、责骂、情绪化的语言

＊错误地给孩子的天性贴上消极的标签

＊对于孩子的每个正确行为都赞不绝口

＊让孩子过度依赖表扬

＊担心表扬孩子会令孩子自大

＊给孩子下模糊的指令，比如"停下"

＊侮辱孩子的人格

＊说类似"你永远不可能"的话

＊鼓励孩子取悦他人

父母作为权威

● 策略3：设定清晰的界限

正确使用权威

可以做

＊用权威来帮助孩子学习

＊合理行使权威

＊设定清晰的界限

＊明确区分可以商量和不可以商量的事情

＊成为教育者，但有时也可以和孩子做朋友

＊成为负责任的领导

＊给孩子提供可以预见的常规教育和仪式教育

不可以做

＊对于使用权威踌躇不定

＊过于放任

＊过于严厉或专制

＊过于民主

＊凡事都要商量

＊剥夺孩子对于秩序和可预见性的需求

＊产生内疚感后犹豫不决

＊希望孩子喜欢并认同你做的一切事情

在制定家庭基本规则方面

可以做

＊适度，制定5~6条规则

＊针对家庭的需要而制定

＊基于美德来制定积极正面的规则

＊制定具体的、恰当的惩罚措施

＊惩罚适当

＊进行有教育意义的惩罚

＊始终如一

＊向家庭成员清晰地表述家庭规则

＊确保孩子了解受惩罚的原因

＊倾听孩子的感受

＊使家庭规则不可商量

＊随着年龄的增长，灵活地变更规则

＊在一定范围内给予孩子选择权

＊如果孩子做不到尊重，要为此设定界限

＊设定界限来帮助孩子适应新的环境

不可以做

＊制定过于复杂的规则

＊用消极的语言来表述规则（例如：不能打人）

＊根据自己的愤怒程度来惩罚孩子

＊为了惩罚而惩罚

＊实施规则时不能做到始终如一

＊只有自己清楚家庭规则

＊当家庭基本规则被违反时，给予违反者第二次机会

＊长久地维持同样的规则

＊给予年幼的孩子太多开放性选择

＊在界限是否被破坏的问题上争论不休

在管教孩子方面

可以做

＊把自由与责任相结合

＊在孩子始终遵守规则时给予他们奖励

＊在涉及安全问题时，要求孩子服从

＊在涉及安全问题时，使用命令式语言

＊防止权力斗争

＊总是对孩子的努力和进步予以肯定

不可以做

＊引起冲突

＊总是对孩子大声吼叫

＊对孩子过于忍让

＊经常和孩子争吵

父母作为引导者

◉ 策略 4：尊重心灵

可以做

＊分享你的知识和技能

＊让孩子承担他们可以承担的责任

＊分享你的家庭故事

＊倾听孩子的故事

＊把尊重融入家庭常规中

＊举办分享圈聚会

＊用特别的仪式来纪念特别的时间

不可以做

* 忽视孩子学习新技能的机会

* 忽视对于尊重的需要

* 在举办分享圈聚会时窃窃私语

* 无视一些特别的时间的重要性

父母作为顾问

◉ 策略 5：提供精神陪伴

可以做

* 把孩子视为精神独立的个体

* 抱持同情和超脱的态度

* 相信孩子可以处理好自己的问题

* 倾听孩子抒发自己的情感

* 重视孩子

* 在孩子接受惩罚后，倾听孩子的感受

* 帮助孩子让他自己做出道德选择

* 提出能打开心房的问题

* 给予表示接纳的沉默

* 提出能让人敞开心扉的问题

* 用"什么"和"如何"提问

* 关注感觉信号（包括视觉、听觉和触觉）

* 提出可以促进孩子进行美德反思的问题

* 提出结论性或综合性问题

* 对涉及的美德予以肯定

不可以做

* 试图替孩子完成精神功课

* 仅仅给予孩子同情和怜悯

* 把孩子的感受看作自己的责任

* 以美德的名义压抑孩子的情感

* 即使孩子已经接受了惩罚，依然对他进行说教

* 当孩子面临道德选择时，给孩子提供建议或伸手援助

* 拒绝任何形式的沉默

* 急于寻找解决办法

* 用"谁"或"为什么"提问

* 当孩子受到伤害时，试图将问题最小化或者转移话题

* 在孩子面对道德困境时，为其预设好答案

* 为孩子解决问题预设好程序

* 为孩子贴上美德标签，而不是对其予以美德肯定

◆第三章　如何在家庭中使用本书？

可以做

＊将本书运用到每位家庭成员的个人和精神成长中

＊成为真实和诚实的榜样

＊设定好第一次聚会的时间

＊聚会的时长要适度

＊选择一种简单的形式

＊有秩序

＊有创造力

＊有乐趣

＊保持积极正面

＊保持朴素和庄重

＊为分享圈设定界限

＊做美德游戏

＊使用美术和音乐的形式

＊设定开始和结束仪式

＊见机行事——适时予以肯定、纠正和感谢

＊成为孩子的精神伙伴

不可以做

＊用本书来操控孩子的行为

＊如果聚会进展顺利，就不控制时长

＊在美德聚会上解决其他家庭问题

* 只专注于需要纠正的行为

* 不重视家庭美德聚会

* 过于重视家庭美德聚会

* 使家庭美德聚会变得很无聊

* 随意找时间聚会

* 因为没能遵循某种美德而互相指责

* 说教

附录 C 如何制作"美德树"毛毡板

自制一块毛毡板，在上面贴上用毛毡制作的树和果实，这样你就可以围绕作为"人类果实"的美德开展很多有趣的活动了。

需要的工具和材料

　　* 硬纸板（可以从中号纸盒上剪）

　　* 一大块可以用来粘贴的蓝色或白色毛毡

　　* 胶水

　　* 不同颜色的方形小毛毡

　　* 棕色和绿色的大毛毡，用来制作树干和树冠

　　* 剪刀

制作说明

　1. 把那块蓝色或白色的大毛毡贴到硬纸板上制成毛毡板。

　2. 让孩子参与进来，用不同颜色的毛毡，剪出树和各种果实的形状。

　3. 剪出树干。

　4. 剪出长满叶子的树冠。

　5. 剪出果实。例如：

　　* 服从的橘子

　　* 和平的桃子

　　* 敬畏的葡萄干

　　* 慷慨的葡萄

　　* 友善的猕猴桃

　　* 得体的番茄

　　* 可靠的萝卜（好吧，这是一种蔬菜）

　　* 礼貌的金橘

　　……

　现在你明白了吧?

你可以让孩子给水果画上脸。你可以每个星期贴一种水果上去，或一次把所有的水果都贴上。

孩子会非常喜欢这块毛毡板，它可以被用来讲故事或认可孩子的努力，也可以创造性地被用于许多活动中。